꼬마빌딩
건축 실전
교 과 서

꼬마빌딩
건축 실전
교 과 서

건축회사에 기죽지 않는 건물주를 위한
계약·설계·기초·골조·설비·마감 일정별 실전 건축 가이드

김주창 지음

보누스

한눈에 보는
꼬마빌딩 건축 공정

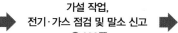 **철거공사** 기존 건물을 철거한 후 꼬마빌딩을 지을 경우 사례

철거공사 신청서 제출 및
철거공사 안내판 부착
◉ 106쪽

➡

가설 작업,
전기·가스 점검 및 말소 신고
◉ 109쪽

➡

기존 건물 철거
◉ 110쪽

기초공사

지하 동결선까지 땅파기
◉ 116쪽

➡

지내력 검사
◉ 120쪽

버림 콘크리트 설치
◉ 121쪽

방수턱 작업
◉ 125쪽

➡

기초 콘크리트 타설
◉ 127쪽

➡

기초 작업 완료
◉ 129쪽

6

폐기물 상차 작업
● 113쪽

➡

기존 정화조 해체 및 멸실 신고
● 109쪽

➡

터파기공사

대지경계측량 신청 및 측량
● 115쪽

➡

매트기초 거푸집 설치
● 125쪽

기초 철근 배근
● 127쪽

배관 작업 (전기, 통신, 수도)
● 136쪽

➡

골조공사

먹줄 작업
● 142쪽

외부 벽체 설치
● 143쪽

벽체에 단열재 부착 (외단열)
● 224쪽

➡

벽체 철근 배근
❿ 152쪽

비계 설치 (2층 이상 작업)
❿ 166쪽

벽체 설비 및 전기 배관 작업
❿ 161쪽

보·바닥 설비 및 전기 배관 작업
❿ 106쪽

동바리 설치
❿ 151쪽

콘크리트 타설
❿ 158쪽

내부 마감공사

보일러관 설치
❿ 193쪽

타일 시공 및 바닥재 작업
❿ 286쪽

도장 작업
❿ 287쪽

유로폼으로 내부 벽체 설치
◑ 145쪽

보·바닥 슬래브 작업
◑ 168쪽

보·바닥 철근 배근
◑ 170쪽

외부 마감공사

외부 마감
◑ 251쪽

창호 설치
◑ 238쪽

지붕, 계단 등 특수 구역 마감
◑ 274쪽

주차장 및 주변 작업

완공

꼬마빌딩 건축,
알고 도전하면 두려울 것이 없다

건축물은 인간과 함께 호흡하면서 공존하는 생명체와 같다. 인간이 없는 건축물이나 건축물이 없는 인간은 생각할 수 없다. 건축물은 인간을 외부 환경으로부터 보호하고, 일터와 쉴 수 있는 공간을 제공한다. 인간도 건물을 외부 환경으로부터 보호하기 위해 보수·유지하며 공존하고 있다.

그러나 '과연 현실이 정말로 그러한가?'라는 의문이 든다. 평생 꿈꿔온 건축물을 지은 건축주 대다수가 "누군가 건물을 짓는다면 두 손, 두 발 들고 말리고 싶다."라며 손사래를 친다. "건물을 지으면 10년이 늙는다."라는 말도 자주 듣는다. 하지만 일단 자신의 건축물을 갖기로 한 건축주들은 이런 말을 너스레로 흘려듣는다. 나중에는 그 역시 이렇게 말한다. "건물 짓다 골병 들었어."

세상에는 실제로 겪지 않으면 모르는 일이 많지만 건축만큼 이상과 현실이 충돌하는 격전장이 없을 것이다. 사람이 편하게 살 수 있는 건축물을 지어야 하는데, 최근에는 건축물이 예술품이나 조형물로 둔갑하고 있다. 보기에는 멋지고 아름답지만 사진 찍는 피사체로 만족해야 하는 건물이 수두룩하다. 이런 건물에 사는 사람은 행복하고 복 받은 사람이라며 나도 이런 건물을 가지고 싶다는 말을 들었을 때, 과연 그 건물의 건축주도 이에 동의하는지 묻고 싶다.

건축주가 생각하는 건물의 만족도는 몇 %나 될까? 건축물의 구조적 특성상 외형을 중시하면 내실이 그만큼 떨어지고, 내실을 중시하면 외형이 성에 차지 않으므로 건축주가 만족하지 못할 것이다. 외형과 내실 모두 훌륭하게 건물을 지으려면 비용이 크게 불어나며 기술도 부족한 경우가 많다. 건축가는 둘 모두를 만족시킬 수 없더라도 최대한 근사치에는 접근하도록 노력할 의무가 있다. 그러나 건축물을 지으며 이런 노력을 하는 건축가가 과연 얼마나 있을까?

이 책에서는 건축가, 시공사의 역할과 특성을 설명하려고 노력했다. 건축주와 건축가는 어떻게 관점이 다른지, 건축주에게는 어떤 책임이 있는지, 좋은 건물을 지으려면 건축주는 무엇을 알아야 하는지를 설명한다.

건축주가 멋지고 튼튼한 건물을 짓겠다는 이상이 앞서서 현실을 모르면 제대로 된 건축물이 나오기 힘들다. 창문은 넓지만 건물은 따뜻하게, 자재 품질은 좋지만 공사 단가는 저렴하게, 디자인은 멋지고 내구는 튼튼하게, 대부분의 건축주는 이처럼 모순적인 건축물을 원한다. 일반적으로 창문을 크게 하면 따뜻하게 할 수 없고, 자재 품질이 높으면 당연히 공사 단가는 높아지며, 디자인을 멋지게 하려면 내구성과 어느 정도 타협해야 한다.

그런데 건축가와 건축주는 상반된 입장을 가졌는데도 이상한 논리로 합의에 이르곤 한다. 대체로 고급 제품은 비싸고 저급 제품은 저렴하다. 이는 지극히 당연한데, 이런 모순을 해결하지 않은 채 서로 모든 것을 이해했다는 듯이 합의한다. 각자 자신의 입장에서 이해해놓고 나중에 뜻대로 일이 풀리지 않으면 상대와 충돌한다. 건축주, 건축가, 시공사 사이에 발생하는 생각의 차이가 결정적인 문제다. 이 차이를 줄여야 한다.

한 예로 자재를 취급하는 자재상에서 일어나는 일들을 보자. 여기서 과연 소비자는 누구일까? 소비자가 건축주일 것이라 생각하지만, 직접적인 소비자는 건축주가 아니라 건축가다. 건축가는 최대한 저렴한 제품을 찾으니 자재상도 거기에 맞는 제품을 주로 취급할 수밖에 없다. 건축가가 저렴한 자재를 구하는 이유는 건축주가 원하는 싼 단가에 맞춰 싼 제품을 찾아다니기 때문이다. 계속 품질이 떨어지는 악순환이 일어난다.

시공사도 마찬가지다. 건축주는 좋은 품질을 바라면서도 저렴한 공사비를 제시하는 시공사를 찾고, 시공사는 건축주의 낮은 공사비에 맞춰 저품질, 저단가를 찾아 헤맨다.

이 책은 필자의 오랜 현장 경험과 지식을 바탕으로 썼다. 초보 건축주에게 도움이 되기를 바라는 마음에서 작은 것 하나 놓치지 않으려고 애썼다. 건물을 짓기 전에 준비해야 하는 것과 건축가와 시공사를 대하는 법은 필자의 경험에서 나온 이야기다. 건축 설계 도면 보는 법, 각 공정에서 꼭 짚어봐야 할 사항들, 건축 재료를 알아보는 법 등 어느 것 하나 경험에서 이끌어내지 않은 것이 없다. 처음 건물을 지으면서는 시행착오도 많이 겪었다. 그때마다 전문가들을 찾아가 조언을 구하고 책을 찾아 배웠다. 그 과정에서 건물을 짓는 사람들에게 도움이 될 만한 이야기를 하고 싶다는 생각이 들었다. 이 책은 그런 경험의 산물이자 필자 나름 지식 공유 방식인 것이다. 그러다 보니 이 책에서 다루는 내용은 철저하게 초보 건축주 중심이다. 어려운 내용은 필자가 오랜 경험에서 이해한 대로 풀었다. 오직 초보 건축주에게 도움이 되기를 바라는 마음에서 말이다.

물론 여기서 언급한 방법들이 모두 진리는 아니다. 적어도 이 정도는 설계·시공 과정에서 살펴야 한다는 핵심적인 내용과 방법을 설명했다. 현장에서 벌어지는 시공은 이 책에서 언급한 내용보다도 훨씬 부실하다. 건축물의 부실시공은 하루아침에 드러나지 않는다. 대부분 부실시공은 몇 년이 지나야 서서히 나타난다. 그나마 부실시공이 하자 보수 기간에 드러나면 다행이지만, 하자 보수 기간이 지나면 시공사는 나 몰라라 한다.

하자 없는 완벽한 건축물을 짓는 것은 불가능하다. 건축물은 끊임없이 유지·보수하면서 관리해야 하는 생명체와 같다. 그러므로 건축가는 유지·보수가 필요한 곳을 사전에 통보해주고, 건축주가 그 부분을 집중적으로 관리한다면 서로 '윈윈'할 수 있다. 건축가가 솔직하게 취약한 부분을 조언하면 건축주는 왜 취약하게 시공했느냐고 따지기보다 이를 받아들여 관리하는 데 신경 써야 한다. 약간의 하자는 어느 건축물에나 있기 마련이다. 서로 신뢰가 있어야 건축가도 취약한 부분을 말해준다. 신뢰를 잃으면 건축가는 이런 것들을 모른 척한다. 자동차가 각종 소모품을 교체하면서 유지·관리하듯 건축물도 이와 같다. 제품의 유효기간이 지나면 교체하고 관리해줘야 한다. 그것이 건축주와 건축물이 행복하게 오래 공존하는 비결이다.

많은 사람이 꼬마빌딩을 소유하길 원한다. '조물주 위에 건물주'라는 말이 있듯이 임대 수입으로 안정적인 노후를 누리고 싶어 한다. 그러나 직접 접근해보면 그리 간단치 않다는 것을 안다. 완공된 꼬마빌딩은 가격이 비싸고, 본인이 직접 짓고 싶어도 막상 겁이 나서 쉽사리 시도하지 못하거나 섣부른 결정으로 모든 것을 망치곤 한다. 이런 사람을 위해 건축주 입장에서 15년 동안 꼬마빌딩을 지으면서 경험하고 느낀 점을 정리했다. 이 책을 읽고 용기를 내 꿈을 이루길 바란다.

3장

건축주가 꼭 알아야 할 실전 꼬마빌딩 시공

1장

건축 준비

건물을 짓기로 결심하다

그림을 그려라

건물을 지어 건축주가 되기로 결심했다면, 가장 먼저 해야 할 일은 자기의 생각을 그림으로 그려보는 것이다. 말로는 간단해 보이지만, 막상 생각한 것을 끄집어내어 그림을 그린다는 것이 결코 쉬운 일은 아니다. 평소 생각날 때마다 자기의 생각을 기록해두면 그나마 원하는 건물 모습을 더 잘 표현해낼 수 있다.

내가 원하는 것이 무엇인지 상대방에게 전달하는 가장 좋은 방법은 그림이다. 자신이 가지고 있는 생각을 그림으로 그려주면 설계 단계에서 설계사가 건축주의 의도를 파악하는 데 큰 도움이 된다. 원하는 건물의 이미지를 그림으로 잘 표현하기 위해서는 '건물을 왜 지으려고 하는가?'에 대한 답을 글로 먼저 적어보는 것이 좋다. 건물을 지을 때는 목적을 분명히 정한 다음 거기에 맞는 건물을 지어야 하기 때문이다. 건물을 짓는 목적은 크게 세 가지로 구분할 수 있다.

1. 투자용 건물
2. 건축주가 사용할 건물
3. 투자＋사용할 건물

■ 원하는 건물의 모습 그리기

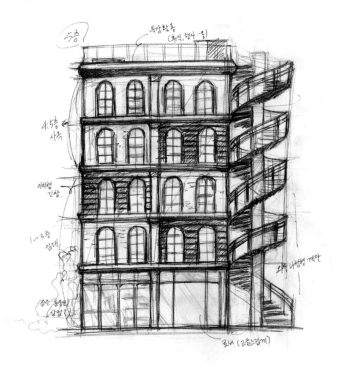

첫 번째, 투자용 건물은 말 그대로 건물을 신축한 다음 바로 매도해 수익을 내려는 목적으로 짓는다. 따라서 현재 유행하는 구조와 인테리어를 적용해 최소 비용으로 최대 이익을 내는 분양에 집중해 건물을 짓는다.

두 번째는 건축주가 사옥 등으로 직접 사용하는 경우다. 이때는 건물 구조와 편의성에 초점을 맞춘다. 본인이 사용하는 데 필요한 인테리어, 특히 설비 공조나 전기·통신 등 실제 사용을 고려해 짓는다.

세 번째는 현실적으로 가장 많은 사람들이 선호하는 건물이다. 일부는 임대로, 일부는 본인이 사용하려는 용도로 1번과 2번을 혼합해서 짓는다.

어떤 경우든 반드시 사전 조사를 한 뒤 자신의 상황에 가장 알맞은 목적을 선택해야 한다. 목적이 결정되면 먼저 글로 정리한 다음 거기에 맞게 그림을 그린다. 그림을 그릴 때는 건축법이나 현실적 제한에 구애받지 말고 일단 본인이 원하는 건물을 스케치해본다. 적어도 50번 이상 스케치해보는 것이 좋다. 그림을 많이 그릴수록 본인이 어떤 건물을 짓고 싶은지에 관한 진체적인 윤곽이 더욱 선명하게 드러난다.

건물의 효용 가치를 생각하라

재화의 효용 가치란 사물이 지니고 있는 쓸모, 즉 소비자가 어떤 상품을 소비하면서 느끼는 만족도를 객관적인 수치로 나타낸 것이다. 그렇다면 건물의 효용 가치는 무엇일까?

건축은 단순히 집을 짓는 일이 아니다. 한 번 지어진 건물은 적어도 50년, 오래는 100년 넘게 사용하기도 한다. 최대한 오랫동안 효용 가치가 유지되거나 올라가는 건물을 지으려면 사전에 주변 시장 조사를 철저히 해야 한다. 시장 조사를 통해 건물의 용도를 정하고 그 용도에 맞게 건물을 지어야 효용 가치를 극대화할 수 있다.

예를 들어 임대주택 용도로 건물을 짓는다면 원룸인지 투룸인지 또 신혼부부용인지 노부모용인지 청년용인지부터 분명히 결정해 그 용도에 적합한 형태로 지어야 한다. 상가 건물을 짓는다면 식당인지 카페인지, 도매상용 또는 소매상용인지 창고용인지, 사무실이라면 순수 사무실인지 사무실 겸 오피스텔인지 등을 명확히 결정하는 것이 우선이다. 용도에 따라 건물을 짓는 방식이 완전히 달라지기 때문이다.

꼬마빌딩 건축,
이론과 실전은 다르다

생각의 차이 :
현실만 보는 시공사, 이상만 보는 건축주

틈틈이 시간을 들여 내가 원하는 건물의 이미지를 대강 그려냈다면 건축사무소를 찾아가도 될까? 물론 바로 건축가를 만나도 되지만, 그 전에 예비 건축주로서 실제로 마주할 건축의 민낯에 관해 충분히 생각해볼 시간이 필요하다.

'생각하는 사람' 하면 보통은 로댕이 만든 유명한 조각 〈생각하는 사람〉의 이미지를 먼저 떠올린다. 하지만 이 조각상을 바라보는 사람들은 자신의 환경이나 상황에 따라 각자 완전히 다른 생각을 할 것이다. 누구는 조각상의 모습에서 '변비를 해결하는 자세가 아닐까?'라는 현실적 사고를 하는 반면, 다른 누군가는 사고의 힘이 이토록 위대하다며 철학적으로 생각할 수도 있다. 건축에서는 건축가가 주로 전자처럼 현실적 사고를 하며, 건축주는 후자에 가까운 철학적·낭만적 사고를 한다. 이러한 생각의 차이는 시간이 지나면서 점점 불어나 선택의 차이를 만든다. 실제로 건물을 건축할 때 이 선택의 차이가 엄청난 화를 부르는 원인이 되기도 한다.

가장 주된 생각의 차이는 건축주와 시공사 사이에서 발생한다. 기본적으로 건물을 짓는다는 것이 건축주 입장에서는 인생의 큰 모험이고 전환점인 반면, 시공사는 반복되는 직업적 업무일 뿐이다. 건축주는 그동안 꿈꿔왔던 그림 같은 집을 짓고 가족이나 지인들과 함께 살아갈 아름다운 미래를 꿈꾸지만, 시공사는 늘 작업했던 관행대로 단순·간단·명료하게 건축주의 요구를 맞추면서 회사의 이윤을 극대화하는 것이 주목적이다.

이처럼 서로의 생각은 시작부터 거대한 차이가 있지만 겉으로는 담담한 척, 서로의 본심을 숨기면서 상담이 이루어진다. 그러나 결국 생각의 차이로 발생하는 불이익은 나중에 모두 건축주에게 돌아간다. 이 사실을 건축가나 시공사는 잘 알고 있는 반면 건축주는 모르고 있다.

공자는 '학이불사즉망'(學而不思則罔), 즉 배우고 익히기만 하고 생각하지 않으면 사리에 어둡고, '사이불학즉태'(思而不學則殆), 즉 생각만 하고 배우지 않으면 위태롭다고 말했다.

시공사는 '학이불사즉망'이다. 배워서 아는 대로 이익을 추구하며 공사할 뿐, 건물주의 요구에 크게 괘념치 않는 것이 일반적인 현실이다. 건축주의 요구대로 시공을 해주려면 그동안 작업했던 공법을 바꾸거나 수정해야 한다. 공법을 변경하는 과정은 대개 까다롭고 공사의 어려움과 시간 소모로 인한 추가 비용이 발생하므로 시공사는 건축주의 요구 사항을 들어주기를 꺼린다.

건축주는 '사이불학즉태'다. 주변 지인들의 얘기나 인터넷 검색으로 편하게 얻을 수 있는 정보만 단편적으로 습득할 뿐, 실제 건물을 짓는 데 필요한 지식을 깊게 공부하지 않는다.

생각하는 사람(오귀스트 로댕, 1888)

이로 인해 건축주와 건축가(또는 시공사) 사이에는 엄청난 생각의 차이가 생긴다. 이를 처음부터 해결하고 시작해야 하지만 서로 자기 입장을 감추면서 건물을 짓는다. 이 차이가 나중에 어떤 결과를 불러올지는 불을 보듯 뻔하다.

건축 전 꼭 해야 할
사전 조사

사전 조사는 필수

사전 조사는 최대한 미리, 많이 해둘수록 좋다. 어떤 건물을, 어떤 목적으로, 어떻게 지을 것인가를 설계 전에 정확하게 정하면 그 용도에 적합한 건물을 효율적으로 설계하고 그 설계대로 건물을 지을 수 있다. 건축주가 자신의 건물을 명확하게 떠올리고 설명할 수 있어야 설계사가 제대로 이해할 가능성도 높아진다.

먼저 주변 환경과 전·월세 현황, 시세와 트렌드 변화 등을 해당 지역의 부동산중개소를 직접 방문해 조사한다. 주변에 어떤 업체들이 입주해 있는지, 어떤 업종의 상가들이 입주해 있는지, 월세를 얼마나 받는지 등을 세밀하게 조사한다. 가까운 부동산은 꼭 조사해야 하고 원거리에 있는 부동산도 찾아가 조사하는 것이 좋다. 가까운 부동산에서 미시적인 문제를 파악할 수 있다면 원거리 부동산에서는 거시적으로 해당 지역을 분석하는 데 도움을 받을 수 있다. 특히 미래 전망이나 발전성을 알아보고자 한다면 원거리 부동산을 방문하는 것이 좋다.

사전 조사는 건물의 운명을 좌우한다. 소홀해서는 안 되며 치밀하고 냉정하게 조사해 객관적인 정보를 바탕으로 건물의 효율성을 극대화해야 한다. 특히 사전 조사를 통해 결정해야 할 중요한 사항이 지하층 활용 계획이다.

지하층은 무조건 만드는 것이 좋을까?

꼬마빌딩에서는 지하층을 주차장으로 활용하기가 어려우므로 지하층 활용도를 심도 있게 고민해야 한다. 주변 건물들을 참고해 지하층 활용도를 면밀히 파악하는 과정도 필요하다. 단순히 지하층을 만드는 것이라면 크게 고민할 이유가 없지만, 지하층을 만드는 데 드는 공사비와 추후 관리 비용을 생각하면 심사숙고할 문제다. 따라서 투자 대비 건축물의 효용 가치를 잘 따져야 한다. 늘어나는 건축비보다 건물의 효용 가치가 높으면 지하층을 만들면 되고, 효용 가치가 적다면 지하층 작업은 할 필요가 없다.

대지 모양도 고려해야 한다. 대지에 경사가 있어서 지하를 구축하는 데 공사비가 적게 들고, 지하 건축 면적의 활용도가 높아 건축물 가치를 극대화할 수 있다면 지하층을 만들면 된다. 그렇지 않다면 꼭 지하 건축물을 지을 필요는 없다. 사전 조사를 토대로 건축가와 잘 상의해서 결정할 일이다.

지하층이 있으면 무조건 좋을 것이라고 생각해 별생각 없이 만들었다가 후회하는 건축주가 많다. 남들을 무조건 따라 하다가 결국 지하층을 제대로 활용하지도 못하면 지하층은 습기와 누수로 건물의 골칫덩이가 된 채 방치되는 일도 다반사다. 그러므로 지하층 건축은 특히 냉정하게 활용도를 조사하고 신중히 결정해야 한다.

사전 조사의 예시

우선 가장 간단한 것부터 시작한다. 예를 들면 포털 사이트에서 건물을 지을 주소를 검색해 주변을 파악하는 일이다. 인터넷에서 교통, 상권을 비롯한 여러 환경을 본 다음 부동산중개소를 방문한다. 근

처에 있는 부동산은 최소 서너 군데 들르는 것이 좋다. 또한 사전 조사는 한 번으로 끝나는 것이 아니라 가능하면 시간 간격을 둔 뒤 2차 조사를 하는 것이 좋다. 해당 건물 주변의 동향이나 시세의 변동을 관찰할 수 있기 때문이다.

그렇게 하면 근처에 있는 비슷한 건물의 시세를 파악할 수 있다. 만약 사무 공간의 건물을 짓는다면 같은 지역에 있는 비슷한 규모를 가진 건물의 사무실 공급, 수요, 임대료, 보증금 등과 땅값, 유동 인구 등을 알 수 있다. 그러나 이것보다 중요한 것은 건물 건축에 관한 부동산 중개사들의 의견을 들을 수 있다는 것이다. 지하층을 만들어야 하는지, 건축 사양은 어떻게 하는 것을 추천하는지, 주차장의 유무에 따라 시세가 얼마나 달라지는지 등 해당 지역에 오래 있었던 전문가의 의견은 사전 조사에 큰 도움이 된다.

여러 부동산중개소에서 얘기를 듣고 나면 어떤 건물을 짓는 것이 유리한지 대강 윤곽이 그려진다. 이를 바탕으로 건물의 용도나 외관, 입지가 가장 유사한 건축물을 참고할 겸 찾아가는 것도 좋다. 해당 건물의 건축주를 만날 수 있다면 금상첨화다.

■ 부동산의 현장 조사표 예시

(단위 : 만원)

부동산	1층		2층	3층~5층	지하층	땅값	기타 공인중개사 의견
	15평	20평	25평	각 25평	약 30평		
A부동산	월 160 ~200	월 200 ~230	월 200 ~250	월 200 ~250	월 200 ~230	–	
B부동산	월 150 ~250	월 250 ~300	월 250	월 250	월 200	–	경제성 있는 건축 요망 (최근 공실이 많음)
C부동산	월 150	월 200	월 170 ~200	월 170 ~200	월 150~180, 주변에 30평 공실 있음	–	
D부동산	월 200	월 250	월 250	월 250	월 120	3,500 ~4,000/평	신축해 판매한다면 타산 맞추기 어려움
보증금 및 기타	보증금 2,000~3,000		보증금 2,500 ~3,000	보증금 2,500 ~3,000	음악 스튜디오, 작업실, 소규모 의류창고 등 예상		

■ 부동산의 의견 종합하기

시설물 구분	A부동산	B부동산	C부동산	D부동산
엘리베이터	필수 시설물			
지하층	높이 3.7~4m로 중간 기둥이 없을 시 유리, 건축비를 감안해 결정			
1~2층 복층 구조	월세 400만원, 불가능(비추천)	비추천	프랜차이즈 계약 어려워 비추천	월세 400만원, 불가능(비추천)
건축 사양	–	내력벽 없는 구조, 바닥은 우레탄 시공 추천	–	–
4, 5층 주택 전환 시	12평×2룸, 월세 90만원, 전세 각 2.5억원	12평×2룸, 월세 100만원, 전세 각 3억원	12평×2룸, 월세 80만~100만원, 전세 각 2억원	12평×2룸, 월세 100만원, 전세 각 2억~2.5억원
기타	주차장 필수	–	주차장 필수	주차장 필수

▦ 부동산114(www.r114.com)를 통한 조사

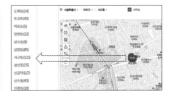

인근 지역에 비해 유나히 사무실 물건이 많음

(전체 물건이 아님을 감안하더라도)

추측 1 : 수요에 비해 신축 건물 또는 신규 공급 누적 → 불균형 초래
추측 2 : 공급시세가 높아져 타 지역으로 사무실 이전 또는 계약 부진
추측 3 : 원래부터 사무실용 물건이 많은 지역

▦ 정리

1. 2018년 1/4분기부터 공실이 누적되는 상황이므로 추후에도 낙관적인 상황은 아닐 것으로 예상됨
2. 인근 사무실 수요자는 건물의 외관이나 편의성보다는 저렴한 것을 요구
3. 주택(전세, 월세) 수요는 특이사항이 없이 꾸준한 편임
4. 5층 전체(연면적 130평) 시세 문의에 중개사들은 산술적 계산을 어려워함
5. 1층 20평 기준 음식점 입지로서의 시장 조사는 하지 않았음
6. 엘리베이터 없이 신축하면 매매 시 건물 가치의 상승을 기대하기 어려움
7. 향후 인근 개발 이슈 없음

현재 공급이 많은 상황이며 단기간에 해소될 것으로 예상되지 않음
신축 시 향후 시장 상황을 예상해
① 건축비 절감 ② 효율적인 임대수익을 위한 ③ 다각적인 수익률 검토가 필요함

단기간의 시장 조사 감안

1. 서교동 공인중개사의 '부진한 임대차 계약' 의견 등을 종합
2. 서초동, 양재동, 방배동 등과의 상대적 비교
결론 : 당해(서교동) 건물 신축 후 높은 임대료는 어려울 것으로 예상

▦ 참고 : 주변 유사 건물 1

1. 대지 면적 약 60~70평, 엘리베이터, 2~6층 사무실, 1층 미니 바(bar), 주차장 충분
2. 대로변, 고급 마감재, 냉온시설, 4층 20~22평(월세 200만~300 만원) : 수개월 이상 공실

의견 : 비싸지 않은 월세임에도 장기간 공실인 것으로 짐작해볼 때 전체적으로 최근 사무실 용도의 수요가 많지 않은 것으로 판단됨

▦ 참고 건축물(외관)

통행로가 있으나 기존 단독주택의 차량이 상시 주차되어 있어 타차량 입출입 불가

2018년 신축

예상보다 유동 인구가 많지 않음
(12~1시 기준)

▥ 부동산114 현황

일자	임대 매물 수
2018년 12월	123
2019년 12월	104

2018. 12 : 1층 제외 모두 공실
2019. 12 : 1, 2, 3층 임대 중, 나머지 공실
　　　　(평당 11만원에 나간 것으로 중개사가 추정)

※ 약간 줄었지만 비슷한 수준

▥ 임대 시세(현장 조사)

(단위 : 만원)

부동산	1층		2층	3층~4층	건물 (평당)	기타
	15평	20평	25평	각 25평		
A부동산 평당 11만원	월 150~200	월 200~250	월 200~250	월 200	4,000	4개월 전과 동일
B부동산 평당 11만~12만원	월 200	월 250 월 300은 어려움	월 250~250	월 250~250	4,000	최근 공실률 높음
C부동산 평당 11만원	월 150~200	월 250 월 300은 어려움	월 200~230	월 250~250	3,500 ~4,000	

공인중개사 의견

B부동산	C부동산
1. 최근 신축 건물 임대료가 너무 높음 2. 신축 건물주 1층 기준 평당 15만원 희망하나 수요와 맞지 않음 3. 신축해 2~3년 내 매매 시 차익을 보기 힘듬 4. 권리금이 없으므로 유리함	1. 구 건물은 평당 6만~7만원 수준 2. 작은 평수 원하는 고객이 많다. 20평이 넘거나 200만 원이 넘어가면 부담을 느낌 3. 1층은 권리금이 없어 20평에 250만원은 충분히 가능 4. 1층 평당 12만원, 2층 이상 9만원

▥ 정리

2018년 12월과 비교
· 큰 차이는 없는 것으로 판단됨
· **임대료의 상향 또는 하향이 없어 보임**

건축 예산 산정

자금이 없으면 건축하지 말라

　　건축을 하다 보면 없던 일이 생기고 있던 일이 없어지는 등 생각지 못한 여러 변수가 생겨난다. 특히 집을 지을 때 공사 대금 지불이 늦어지거나 지불이 안 될 경우 시공사는 즉시 공사를 중단한다. 한번 공사가 중단되면 재개할 때까지 시간은 물론 공사비가 계속 추가되므로 건축주는 이중으로 부담을 진다. 건축주의 자금력이 시원치 않다는 사실을 파악한 시공사는 이때부터 공사에 집중하기보다는 공사비 받을 궁리만 한다.

　　건축주는 계약서에 도장을 찍는 시점부터 모든 공사비가 준비되어 있어야 한다. 공사비를 견적서에 딱 맞추기보다는 견적서에 적힌 총공사비에 약 20%의 여유 자금을 더 준비해두는 것이 좋다. 공사를 진행하다 보면 예상치 못한 비용이 발생하는 경우가 굉장히 많다. 아무리 설계 단계에서 치밀한 계획을 세워도 내장 마감재의 수정, 자재 변경 등의 사유로 추가 공사비가 발생한다.

　　주변에서 건축이 중단된 채 '본 건물에 유치권 행사 중'이란 플래카드가 걸린 건물들을 본 적이 있을 것이다. 이는 대부분 추가 공사비가 부족해 중단된 것이다. 이처럼 자금을 유치하지 못해 건물 완공은커녕 땅까지 뺏기는 일이 생길 수 있다. 그러므로 자금이 충분히 준비되지 않은 채

아슬아슬하게 건물을 짓는 것은 금물이다. 어설프게 시작했다가는 땅과 자산을 모두 잃을 수 있다. 모든 것을 다 잃고 나서 후회한들 아무 소용이 없으니 미리 대비해야 한다.

실전 TIP 대출 승인은 미리 받아놓자

순수 자기 자본으로 건축하면 가장 좋지만, 건물을 지을 때는 은행 대출을 이용하는 경우가 대부분이다. 이처럼 은행 대출로 자금을 준비할 경우에는 공사 전에 미리 대출 승인을 받아놓아야 편리하다. 대출 심사에는 시간이 걸리기 마련이다. 혹시 승인이 나지 않아 대출받지 못하는 경우가 생겨도 미리 절차를 밟은 상태라면 이를 대비할 시간을 확보할 수 있다.

건축비 예산을 추정하는 법

설계를 하지 않은 상태에서 건축비를 준비한다는 것이 논리적으로 타당하지는 않다. 그러나 사전 조사 결과를 통해 어떤 건물을, 어떻게 지을 것인지는 대강 추정해볼 수 있다.

건물을 지을 땅의 토지이용계획을 열람해 보면 토지의 용도가 나와 있다.(37쪽 참고) 이를 토대로 건폐율과 용적률을 계산해 건물의 연면적을 산정할 수 있고, 몇 층을 지을지 대략적인 계획을 세울 수 있다. 연면적이 나오면 평당 가격을 곱해 대강의 공사비를 측정한 다음 예산을 준비한다.

총공사비는 65%, 그 외 공사비는 35%로 잡아 예산을 준비한다. 총공사비란 순수 공사비를 말하며 그 외 공사비는 순수 공사비 이외에 들어가는 공사비를 말한다. 순수 공사비는 말 그대로 건물 본체에만 들어가는 공사비다. 일반적으로 서울에서 건물을 지을 경우 목조 주택이면 평당 600만~700만원, 철근 콘크리트 주택은 평당 700만~800만원 정도로 예상하면 된다.

그 외 공사비로는 설계비, 옵션 공사비, 감리비, 부대 공사비, 인입비 등이 있다. 이는 대강의 예산을 정하기 위해 산정하는 것으로 정확한 공사비는 아니다. 당연히 더 나올 수도 있고 덜 나올 수도 있다. 아래 정리된 공사비 이외에도 다른 변수와 돌발 상황이 많으니 추가 공사비로 20% 정도 더 준비해두는 것이 안전하다.

내 땅의 가치 평가

건물을 지으려면 내가 가지고 있는 땅 또는 구입할 땅의 가치를 평가할 줄 알아야 한다. 땅의 가치를 평가하려면 건폐율, 용적률,

■ 공사비 종류

공사비 유형	설명
공사비	목조 주택: 600만~700만원/평당(한옥 제외) 철근 콘크리트 주택: 700만~800만원/평당
설계비	30~40대 신진 건축가: 1,500만~3,000만원 중견 건축가: 3,000만~5,000만원 방송 출연 및 교수 겸직 건축가: 1억원 이상(57쪽 참고)
옵션 공사비	수납공간, 붙박이장, 에어컨, 세탁기, 공기청정기 등
감리비	공사비의 1.5% 내외
부대 공사비	민원, 인테리어, 옆집 담장, 조명, 도로 복구, 하수 처리 등
기타 비용	측량비, 지반 조사비, 건축 인·허가비, 하수도, 각종 인입비(전기, 수도, 가스, 이사, 가구류), 각종 이설비(가로등, 가로수, 전봇대) 등
등기 비용	법무비, 취득세

일조사선의 개념을 알고 있어야 한다. 쉽게 말하면 건축물을 넓게(건폐율), 높게(용적률), 그리고 옆집과의 일조권(일조사선)을 고려해 짓는 것이다.

누구나 다 자기 이익만 챙기며 건물을 짓는다면 도시는 엉망진창이 될 테고 공무원들은 온갖 민원으로 업무를 보지 못할 만큼 바쁠 것이다. 정부는 도심지의 난개발을 막고 편리한 주거 환경을 조성하기 위해 국토의 계획 및 이용에 관한 법률(약칭:국토계획법)을 만들어 땅마다 용도지역을 구분해 관리하고 있다. 내 땅에 어떤 규제가 있는지 알아보려면 토지이용규제정보서비스(luris.molit.go.kr)에서 토지이용계획을 찾아보면 된다. 사이트에 건물을 지을 땅의 주소지를 입력하면 규제가 어떻게 적용되는지 알 수 있다. 하지만 이 정보만으로 규제 내용을 전부 알 수 있는 것은 아니다. 여기에는 건폐율과 용적률, 일조사선이 나오지 않기 때문이다.

▦ **토지이용규제정보서비스(luris.molit.go.kr)**

용도지역

용도지역이란 토지를 효율적으로 이용하고 공공복리의 증진을 도모하기 위해 도시·군관리계획을 통해 결정하는 지역을 말한다. 국토계획법에서 용도지역은 도시지역, 관리지역, 농림지역, 자연환경보전지역의 네 가지로 나뉜다. 네 지역은 크게 도시지역과 비도시지역으로 구분할 수 있다. 비도시지역(도시지역 외 지역)에는 관리지역, 농림지역, 자연환경보전지역이 포함된다.

■ 용도지역의 지정(국토계획법 제 36조)

도시지역	주거지역	제1종 전용주거지역	단독주택
		제2종 전용주거지역	공동주택
		제1종 일반주거지역	4층 이하의 저층 주택
		제2종 일반주거지역	중층 주택
		제3종 일반주거지역	고층 주택
		준주거지역	주거와 상업·업무 기능이 결합된 형태
	상업지역	중심상업지역	
		일반상업지역	
		유통상업지역	
		근린상업지역	
	공업지역	전용공업지역	
		일반공업지역	
		준공업지역	
	녹지지역	보전녹지지역	
		생산녹지지역	
		자연녹지지역	
관리지역	보전관리지역, 생산관리지역, 계획관리지역		
농림지역			
자연환경보전지역			

도시지역은 주거지역, 상업지역, 공업지역, 녹지지역으로 나뉜다. 주거지역은 특히 제1종 전용, 제2종 전용, 제1종 일반, 제2종 일반, 제3종 일반, 준주거지역으로 세분화된다.

도시지역을 세분화한다는 의미는 법률이 정한 범위(용도) 안에서 각 지자체마다 조례로 정해 관리한다는 것이다. 따라서 건폐율과 용적률은 국가가 정한 범위 내에서 각 지역별 조례가 조금씩 다르다.

토지이용계획을 열람하면 도시지역은 주거지역, 상업지역, 공업지역 중 하나로 나올 것이다. 일반적으로 도시에 있는 주택은 주거지역에 속한다. 여기서 주의할 점은 주거지역이 전용주거지역과 일반주거지역으로 다시 나뉜다는 점이다. 같은 주거지역도 분류가 다를 수 있으니 꼭 확인해야 한다.

■ **토지이용계획**

건폐율과 용적률

살펴본 땅의 용도지역을 바탕으로 건폐율과 용적률을 파악할 수 있다. 건폐율은 대지 면적에 대한 건물 바닥 면적의 비율로, 쉽게 말해 '얼마나 넓게 지을 수 있는지'를 나타내는 수치다. 용적률은 대지 면적에 대해 건물 각 층의 면적을 합한 연면적의 비율로, 총 건축물 면적을 제한하는 것이다. 즉 '건물 층을 얼마나 올릴 수 있는지'를 의미한다. 건폐율과 용적률은 건축법에서 정한 건폐율과 용적률 범위 안에서 지자체별로 조금씩 다르다.

39쪽 표를 참고해 살펴보면, 서울특별시에서 제1종 일반주거지역은 토지의 건폐율이 60%에 용적률이 150%다. 즉 땅 50평짜리인 제1종 일반주거지역이라면 건폐율 60%를 적용해 최대 30평(50평×60%)의 대지 면에 건물을 지을 수 있고, 여기에 몇 층을 올릴 수 있는지를 나타내는 용적률은 150%이므로 전체 건축물 면적(연면적)은 75평(50평×150%)이 된다.

▓ 건폐율과 용적률에 따른 건축법상 최대 건축 규모(주거지역)

지역의 세분		건폐율	용적률
전용주거지역	제1종	50% 이하	50%~100%
	제2종	50% 이하	100%~150%
일반주거지역	제1종	60% 이하	100%~200%
	제2종	60% 이하	150%~250%
	제3종	50% 이하	200%~300%
준주거지역		70% 이하	200%~500%

즉 1층 30평, 2층 30평, 3층 15평으로 3층 건물을 지을 수도 있고, 1층 10평, 2층 10평, 3층 10평, 4층 10평, 5층 10평, 6층 10평, 7층 10평, 8층 5평을 지으면 총면적이 75평으로 용적률을 넘지 않고 8층까지 건물을 올릴 수 있다. 이처럼 바닥 건물 면적이 최대 30평(건폐율) 이내, 건물의 총면적이 75평(용적률) 이내라면 얼마든지 건축물을 지을 수 있다. 건축가는 이 건폐율과 용적률을 고려해 건축주의 요구에 맞는 디자인과 설계를 진행한다.

▥ 서울특별시의 건폐율과 용적률 관련 조례

용도지역	세분			건폐율	용적률
도시지역	주거지역	전용주거지역	제1종	50%	100%
			제2종	40%	120%
		일반주거지역	제1종	60%	150%
			제2종	60%	200%
			제3종	50%	250%
		준주거지역		60%	400%
	상업지역	중심상업지역		60%	1000%
		일반상업지역		60%	800%
		근린상업지역		60%	600%
		유통상업지역		60%	600%
	공업지역	전용공업지역		60%	200%
		일반공업지역		60%	200%
		준공업지역		60%	400%
	녹지지역	보전녹지지역		20%	50%
		생산녹지지역		20%	50%
		자연녹지지역		20%	50%

일조사선

건물을 지을 때는 건폐율과 용적률에 더해 일조사선의 제한을 받는다. 일조사선이란 건축물 북쪽에 면한 다른 건축물의 남향 일조량을 방해하지 못하게 하는 규제다.

건축법의 일조권 조항에서 9m까지는 일조권 제한에서 벗어난다. 즉 건물 높이 9m까지는 일조권에 영향을 미치지 않는다. 일반적으로 1층 층고 기준을 3m로 했을 때 3층까지는 일조권에 영향을 미치지 않는다는 것이다. 이 경우 4층부터는 일조권의 영향을 받으므로 상대방 건물과 일조권 이격거리를 둬야 한다.

일조권 이격거리는 2(건축물 높이) : 1(이격거리) 비율이다. 9m 이상부터는 법정 이격거리(일조사선)를 2 : 1 비율로 벌려야 한다. 예를 들어 북측 건물 높이가 10m라면 상대방 대지 경계선에서 5m의 이격거리를 둬

■ 일조사선의 개념

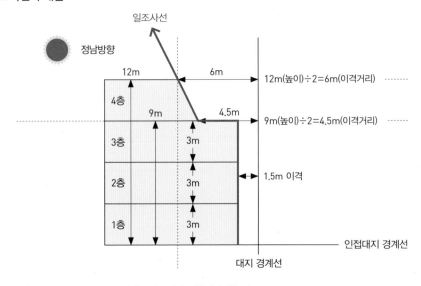

＊건물의 북측 인접대지 기준으로 9m까지는 일조권에 저촉되지 않는다.

야 한다는 것이다. 이 이격거리는 높이마다 다르므로 이를 선으로 연결하면 사선이 된다. 이 개념을 일조사선이라고 한다.

건폐율과 용적률, 일조사선까지 확인했다면 마음을 놓아도 될까? 주의할 요소가 하나 더 있다. 바로 방화지구다. 내 땅이 방화지구로 규정되어 있다면 건물에 있는 모든 층에 소방설비공사를 진행해야 하는 문제가 있다. 특히 드렌처(drencher. 불이 다른 건물로 옮겨붙는 것을 방지하기 위한 소화설비) 설치 문제로 비용과 시간이 많이 소요된다. 시장 주변이나 도로변의 건축물 밀집 지역에 방화지구가 많으므로 주위를 세심하게 관찰해야 한다.

이처럼 땅의 가치는 건축물을 얼마나 넓고, 높게 지을 수 있는지에 따라 다르게 평가된다. 똑같은 주거지역이라도 전용주거지역, 일반주거지역, 준주거지역에 따라 차이가 있고, 북측 땅과 남측 땅의 차이(일조사선이 적용되는지의 여부)가 있다. 이 외에도 땅의 모양, 도로면과 접한 형태, 지역 특성 등 큰 영향을 주는 다양한 요소가 있다.

땅이 무조건 저렴하다고 해서 구입했다가 낭패를 보는 경우를 주위에서 종종 본 적이 있을 것이다. 땅을 구입할 때는 땅의 가격이 아닌 가치를 고려해야 한다. 땅의 가치란 한 마디로 건축물을 효율적으로 잘 지을 수 있는 땅인지를 평가하는 것이다.

건축가는 이러한 요소를 총괄적으로 관리하면서 건축물의 디자인과 어울리게 설계한다. 공간에 치중하면 디자인이 부실하고, 디자인에 치중하면 상대적으로 공간이 부실해지기 마련이다. 이처럼 대치 관계인 공간과 디자인을 잘 요리할수록 유능한 건축가라고 할 수 있다.

2장

건축가와 시공사에 대응하는 법

건축사무소에서
상담을 시작하다

건축가, 건축사, 건축설계사…
누구에게 상담해야 할까?

건물을 짓기 위해 누구를 만나야 할지 시작부터 막막하다. 그런데 모두 똑같은 전문가인 것 같은데 왜 이름이 다를까? 물론 모두 건축을 다루는 일에 종사하는 전문가이다. 보통 건축가, 건축사, 건축설계사라 불리는 사람들은 건물을 설계하는 일을 하고 시공업체는 공사를 직접 시공하는 일을 맡는다.

가장 헷갈리는 부분이 건축가와 건축사일 것이다. 건축가는 건축사 자격증이 없어도 건축가라고 할 수 있다. 그런데 건축사는 자격증이 있어야만 건축사라고 부를 수 있다. 즉 건축가는 건축사를 포함하는 개념이다. 건축가라고 해서 다 건축사는 아니다. 건축사 자격증 없이도 건축가로 활동하는 사람들이 많기 때문이다.

뉘앙스의 차이도 있다. 건축가는 미술가, 작가, 화가, 음악가, 조각가, 등 예술가의 의미가 더 강한 반면 건축사는 의사, 변호사, 변리사, 세무사 등 국가가 인정하는 자격증을 가지고 있는 전문직업군에 속한다. 건축 허가나 준공 허가에는 건축사의 인증이 필요하며 건축가의 인증은 인정되지 않는다. 같은 맥락에서 건축사는 감리사로도 일할 수 있으나 건축사 자격증이 없는 건축가는 감리사 업무를 할 수 없다. 정리하면 건축사 자격증 없이 건축 업무를 하는 사람까지 통틀어 건축가라고 부르는 경우가 많다.

일반적으로 건물을 지으려고 할 때는 건축사무소를 방문한다. 건축사무소에 가면 설계사가 있는데, 이 설계사가 바로 건축사 자격증을 가지고 설계를 하는 사람이다. 즉 설계하는 사람 = 건축설계사 = 건축사 ≒ 건축가라고 볼 수 있다. 이제부터 용어의 혼란을 막기 위해 건축가, 건축사, 건축설계사를 건축가라고 부르겠다.

설계를 시공사에서 하는 것으로 잘못 알고 있는 경우가 많지만 기본적으로 시공사는 설계를 할 수 없다. 시공사에서 설계를 했다고 하더라도 그것은 시공사에서 한 설계가 아니라 시공사가 건축가에게 따로 설계를 의뢰해 건축주에게 제시한 것이다. 건축가가 건물을 설계하면 그들이 직접 시공사를 선정해서 공사를 진행하는 것이 관례다. 건축주는 시공사를 모르기 때문에 건축가에게 일괄적으로 맡기는 것이다. 영화로 비유하면 건축가는 건물을 짓는 데 총감독 역할을 한다. 건축주는 제작자이며, 시공사는 주연배우가 된다. 시공사 밑의 여러 하청 업체는 조연 배우에 해당한다.

▦ 건축가, 건축사, 건축설계사, 시공사

명칭	설계 가능 여부	건축사 자격증 여부	특징과 차이
건축가	○	×	예술가의 의미가 강함
건축사(건축설계사)	○	○	국가에서 공인한 전문직업군
시공사	×	×	설계가 아닌 공사를 직접 담당

건축가, 시공사, 감리사의 상호 협력과 견제

건축가에게 모든 것을 전적으로 맡기기보다는 설계만 건축가에게 의뢰하되 시공사는 입찰을 통해 건축주가 건축가와 상의해서 선정하는 것이 건물을 더 효과적으로 지을 수 있는 방법이다. 설계에서 시공까지 모든 것을 건축가가 맡아서 일괄적으로 진행하면 편할 것 같지만 물이 고이면 썩기 마련이다. 건축가가 선정한 시공업체는 서로 끈끈한 유대 관계를 맺고 있어 장점만큼이나 단점도 많다.

단점 중 하나가 감리 업무까지 건축가가 맡는 경우다. 원래 건물을 설계한 건축가는 본인이 설계한 건물을 직접 감리할 수 없다. 하지만 꼬마빌딩의 경우 법적으로 설계와 감리가 동시에 가능한 건축설계사가 있다. 설계자와 감리자가 같은 사람이므로 도면이 잘못되어 문제점이 발생해도 감추기 마련이다. 그 손해는 고스란히 건축주가 지불해야 한다.

설계 부실로 문제가 발생하면 설계자가 감리자이므로 이를 숨기려고 할 것이고, 시공 단계의 부실시공이 원인이라도 시공사는 기본적으로 설계에 맞춰 공사를 진행하므로 문제의 책임을 시공사에 전가할 수는 없다. 즉 감리자가 시공사의 문제점까지 눈감아줄 확률이 높다. 이렇게 되면 시공사, 건축가(설계사), 감리사가 모두 단합해서 건축주를 기만하는 사태가 벌어진다. 실제로 지난 2014년 충청남도 아산시에서 한 오피스텔이 완공도 하기 전 부실시공으로 무너지면서 관련자들이 처벌받은 사례가 있었다. 이 사건의 설계사와 감리사는 같은 사람이었다.

설계와 시공의 문제는 감리가 앞장서서 풀어야 한다. 그런데 설계부터 감리까지 모든 권한을 건축가에게 주면 건축주가 받는 대가는 가혹할 수 있다. 그러므로 건축주 입장에서는 건축가와 시공사가 상호 협력과 견제를 하면서 작업을 진행하는 것이 가장 좋다.

"건축비가 평당 얼마예요?"라고 물어보면 안 되는 이유

내가 원하는 건물의 윤곽을 그리고, 건축의 현실과 예산까지 진지하게 고민해봤다면 드디어 건축가와 구체적인 논의를 할 차례다. 이때 보통 평당 가격을 묻는 것으로 상담을 시작하는 경우가 많다. 그러나 "건축비가 평당 얼마예요?"라고 묻는 순간 순진한 예비 건축주는 함정에 빠지고 만다.

공짜면 양잿물도 마신다는 옛말이 있다. 나와는 상관없는 이야기 같겠지만 현실은 그렇지 않다. 실제 건축 현장에서는 양잿물을 준비하고 기다리는 사람들이 수두룩하다. 건물 한 번 지어보려다가 건축 브로커에게 잘못 걸려들어 마음의 병을 얻어 끙끙 앓는 경우가 많다. 심지어 전 재산을 투자한 건축이 잘못되어 안타까운 결과를 낳는 사례도 비일비재하다. 2020년 8월 제주도에서는 스터코로 마감한 단열재가 태풍으로 떨어져 밑에 있던 차량들을 모두 박살 내는 큰 피해가 발생했다. 태풍이라는 자연 재해를 탓할 수도 있지만 가장 큰 원인은 부실시공이다. 이런 건물의 건축주가 바로 스스로 양잿물을 마시고 만 사례다. 무서운 점은 양잿물을 남이 주는 것이 아니라 건축주 자신이 직접 찾아 마신다는 것이다. "평당 얼마예요?"라며 앞뒤 가리지 않고 먼저 공사비를 질문하는 것이 바로 양잿물을 마시려는 행동이다.

건축가는 이런 유형의 손님을 하루에도 몇 명씩 상담한다. 이런 질문을 하는 손님에게 건축가는 항상 준비해놓은 대답이 있다. "평당 500만 원에서 600만원 정도면 손님이 원하는 훌륭한 건물을 지을 수 있습니다." 그러면 건축주는 바로 "내가 아는 사람은 평당 450만원에 지었다는데 왜 이렇게 차이가 많이 나죠?"라며 다시 질문한다. 건축가는 바로 "그 가격대에 지을 수 있습니다."라고 답한다. 건축주 입장에서는 500만~600만원의 건축비를 450만원으로 깎았으니 평당 약 50만~150만원을 남겼다고 생각해 서둘러 계약서에 도장을 찍는 경우가 대부분이다. 그러나 이것은 서로 의미 없는 대화를 하고 있는 것이다. 평당 가격은 왜 의미가 없는 것일까? 똑같은 연면적 100m² 기준으로 평당 가격을 산정했다고 가정해보자.

48쪽 그림을 보면 세 면적의 넓이는 똑같이 100m²다. 그렇다면 공사비도 똑같을까? 1번의 경우 둘레 길이가 40m이고 2번은 50m, 3번은 58m이다. 둘레 길이가 다르니 당연히 건축비가 다르게 나온다. 벽 두

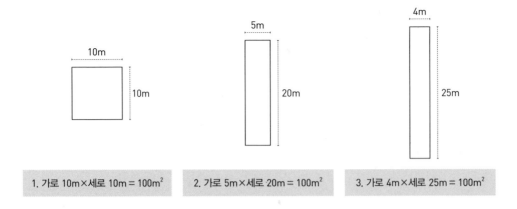

1. 가로 10m×세로 10m = 100m²   2. 가로 5m×세로 20m = 100m²   3. 가로 4m×세로 25m = 100m²

께를 20cm, 15cm, 10cm 중 어느 것으로 선택하는지에 따라서도 건축비가 다르고, 2.7m~4.5m까지 다양한 층고도 건축비에 영향을 미친다. 또 정사각형, 직사각형, ㄱ자형, ㄷ자형, 마름모형 등 디자인에 따라 많은 변수가 작용한다. 즉 평당 가격을 논한다는 것은 기본적으로 면적에 따른 가격을 평가하는 것인데 건축비는 애초에 면적으로 단가를 매길 수가 없다. 건축주가 대뜸 평당 가격을 묻는 것이나, 건축가나 시공사가 평당 얼마에 지을 수 있다고 답변하는 것 자체가 황당한 문답인 셈이다.

지인들이 평당 얼마에 지었으니 본인도 그 가격이면 된다고 우기는 것도 말이 안 되지만, 그 질문에 천편일률적인 답을 하는 사람을 신뢰하면서 내 건물의 건축을 맡길 수는 없다. 이런 시공사는 나중에 추가 공사비를 요구할 것이 뻔하다.

정리하면 평당 가격이란 존재할 수 없고, 있다고 해도 각 건물 조건에 따라 다를 수밖에 없다. 건축주는 평당 가격으로 단순하게 건축 비용을 판단하는 우를 범해서는 안 된다. 평당 가격보다 원하는 건물을 제대로 지을 수 있는 건축가와 시공사를 선택하는 것이 더 현명한 방법이다.

하지만 상담하는 건축주들 대부분 상담의 포인트를 '평당 얼마에 지을 수 있는지'에 둔다. 그러면 상대도 마치 자신이 세상에서 제일 저렴하게 집을 지어줄 수 있는 것처럼 상담한다. 이는 마치 양잿물을 건축주 스스로 마시는 것과 같다. 그러므로 "건축비가 평당 얼마예요?"라는 질문보다는 "건물을 100평으로 지으려고 하는데 평당 600만원에 지으려면 어떤 식으로 지어야 하나요?"라고 질문하는 것이 더 현명한 질문이다. 세상엔 공짜가 없다. 손해를 보면서 집을 지어주는 사람은 세상 어디에도 없다. 남들보다 저렴한 견적을 제시하는 데는 이유가 있다. 서둘러 계약서에 도장을 찍게 하려는 전략인 것이다. 견적이 싸다면 그만큼 품질에 문제가 있기 마련이다. A급 자재를 B급으로 대체하고, 공정을 생략하는 등 갖가지 방법을 동원해 정해진 단가에 맞춰 공사를 진행할 것이다. 건축가와 시공사는 건축주보다 경험이나 지식이 훨씬 많은 전문가다. 건축주가 그들의 전략에 대처하기는 무척 어렵다. 집을 지은 지인들의 경험에 의존해 무조건 평당 가격으로 비교하며 공사비를 스스로 먼저 책정하지 말아야 한다.

똑같은 집을 똑같은 방법으로 똑같이 짓는다고 해도 자재비와 인건비는 시간이 지나면서 상승할 것이므로 나중에 짓는 집은 단가가 자연스럽게 올라간다. 계절에 따라, 작업 환경과 주변 조건에 따라 똑같은 단가는 나올 수 없다. 더구나 '저렴한' 공사비는 더더욱 있을 수 없다. 그러므로 지금 주어진 환경과 조건을 충분히 감안해 어떤 시공사가 싸게 지어줄 수 있는지를 먼저 생각하기보다는 얼마나 정성껏 완공할 수 있는 시공사인지를 판단해 공사를 맡기는 것이 현명하다.

건축가를
선정하는 법

마음에 드는 건축가를 찾아보자

건축가는 전문적으로 건물을 설계하는 사람이다. 건축가를 찾는 일은 건물을 원하는 대로 완공할 수 있을지를 좌우하기에 매우 중요하다. 명성 있는 건축가는 생각보다 많다. 그러나 건축주와 소통하며 건축주가 꿈꾸는 건물을 설계해줄 건축가를 찾기는 쉽지 않다.

내 건물에 가장 적합한 건축가를 찾으려면 어떻게 해야 할까? 지금까지 건축주가 되기 위해 그림이나 글(또는 생각)로 어떤 건축물을 짓겠다는 구상을 꾸준히 해왔을 것이다. 그럼 지금부터 건축주가 꿈에 그리던 건축물을 찾아 돌아다녀야 한다. 주위의 건축물을 보든, 신축 건물을 찾든 본인이 구상한 모습과 가장 비슷한 건축물을 찾아다니는 것이다. 인터넷으로 찾아봐도 좋고 지인들의 소개를 받아서 찾아도 된다. 단, 꼭 그 건축물을 직접 견학해야 한다. 사진이나 소문으로 판단해서는 안 된다.

본인이 원하는 건축물을 찾으면 그 건축물을 설계한 설계사를 찾아서 상담을 받으면 된다. 설계사를 찾는 방법은 간단하다. 찾고자 하는 건축물의 주소로 건축물대장을 발급받으면 서류에 설계사, 시공사, 감리사가 적혀 있다. 그 이름을 인터넷에 검색하면 전화번호와 주소가 나올 것이다. 이렇게 몇 개의 건축물을 찾아서 그 건물의 설계자와 상담을 하다 보면 어느 건축가가 나와 잘 맞는지 알 수 있다. 시공사도 이와 같이 견적

서를 받아보고 최종 선정하면 된다.(시공사 선정은 83쪽 참고)

또 다른 방법은 지인들의 소개를 받는 것이다. 나와 건축가의 취향을 잘 아는 지인이 소개해주는 것이므로 일차 검증이 끝난 상태라고 볼 수 있다. 이 방법은 특히 시간을 단축하는 데 도움이 된다. 대표적인 건축가 선정 실패 사례는 건축 박람회 같은 곳에 가서 유명한 브랜드 건축 회사에 의뢰했다가 실패한 경우다. 건축 박람회에 참가하는 건설 회사가 나쁘다는 것이 아니다. 아무 정보도 없는 건축주가 박람회에 가서 분위기에 휩쓸려 덜컥 계약하고 후회하는 경우가 많기 때문이다. 건축물을 백화점에서 쇼핑하듯이 골라 지을 생각을 하면 안 된다. 건축 박람회든 지인의 소개를 받든, 건축물을 지으려면 건축주 스스로 사전 정보를 충분히 습득하고 신중히 판단해야 한다.

▓ 건축물대장

건축가를 선정할 때
고려해야 할 것

내 옷에 맞는 건축가를 선정한다

먼저 건축주가 짓고자 하는 건물 형태에 따라 전문 건축가를 찾아 의뢰해야 한다. 이름만 대도 알 수 있는 건축가를 선정해 설계를 의뢰할 수도 있다. 유명 건축가를 선정하면 건축주가 원하는 건물을 짓는다기보다 유명 건축가의 '작품'을 내 돈으로 짓는다고 생각하면 된다.

주변에서 이런 건축물을 심심찮게 볼 수 있다. 물론 사람마다 취향이 다르다. 유명 건축가의 건물에 만족하는 건축주라면 유명 건축가에게 의뢰하면 된다. 이 경우 건축가의 주장이 강할 것이므로 건축주가 자신의 요구를 100% 반영하겠다는 꿈은 접어야 한다. 물론 약 20% 정도 공사비가 더 들어갈 각오도 해야 한다.

옷에도 기성복과 맞춤복, 파티복, 드레스 등에 따라 각각 전문 디자이너가 다르듯 건물도 그렇다. 각 건물의 특징을 살릴 수 있는 전문 건축가에게 설계를 의뢰하는 게 가장 바람직하다. 아파트를 잘 설계하는 건축가, 롯데타워 같은 높은 건축물을 설계하는 건축가, 이 책을 읽는 대부분의 예비 건축주들을 위한 5층 이하 건축물을 잘 설계하는 건축가 등 건축가들만의 전문 영역이 따로 있다. 자기 옷에 맞는 건축가를 선택해 설계를 의뢰해야 후회할 상황이 발생하지 않는다.

건축주의 의견을 반영해주는 건축가를 찾는다

아주 당연하게 들릴 것이다. 하지만 실제 설계 단계에 접어들면 당연한 말이 아니다. 처음에 건축주의 의견을 들어주는 듯해도 나중에 보면 건축가의 스타일로 바뀌어 있다. 물론 전문가인 건축가의 의견이 무조건 나쁘다고 할 수는 없다. 그러나 건물에는 무엇보다 필생의 꿈이라 할 수 있는 건축주의 바람이 실현되어야 하는데, 건축가는 이런저런 핑계를 대면서 결국 자신의 스타일로 설계하곤 한다.

건축가는 자기가 해온 스타일과 관성이 있다. 이 스타일에서 벗어나 건축주의 요구를 맞추려면 창의력을 발휘해 디자인을 바꿔야 하므로 그만큼 시간이 걸리고 시행착오가 생길 수 있다. 건축가로서 노력과 위험이 따를 수밖에 없으니 기존 스타일에서 벗어나는 설계를 자연스럽게 기피하게 된다. 자재 문제도 있다. 자기가 늘 쓰던 자재를 변경해 설계하는 것은 공학적으로 결코 간단하지 않다. 가능한 한 편하게 일하려는 관성은 누구에게나 있다.

설계비를 아끼지 말라

다른 과정에서는 비용 누수를 최대한 줄여야 하지만 설계 단계에서 드는 비용, 즉 설계비는 남들보다 많이 줘도 그만큼 얻는 것이 많다. 설계 단계에서 비용을 더 지불해 설계를 한 번씩 더 할수록 건물 품질이 향상되고 공사 비용도 절약된다. 비용이 더 들어간 좋은 설계는 시공 과정에서 그 비용을 충분히 상쇄할 수 있다. 반면 설계비가 저렴하면 당연히 질 낮은 설계가 나온다. 저렴한 설계는 공사를 어렵게 하고 공사비 상승의 원인이 될 수 있다.

1차 설계 이후 설계를 수정 보완하는 2차~n차 설계 기간은 짧게 한다

설계 기간이 길다고 좋은 디자인이 나오는 건 아니다. 설계 기간을 넉넉히 준다고 그 기간을 충분히 활용해 설계를 하지 않는다. 물론 사람마다 다르나 대부분은 마감일에 임박해 설계를 마무리한다. 건축가는 내가 주문한 일만 하지 않는다. 따라서 굳이 많은 시간을 줄 필요는 없다.

설계가 완료되면 모형을 요청해 검토한다

건축주는 전문가가 아니므로 평면도를 100% 이해할 수 없다. 모형을 보면 평면도를 이해하기 훨씬 쉽다. 모형은 1/60 축척 정도로 만들어야 건물을 자세히 이해하는 데 도움이 된다. 모형을 보면 평면도에서 발견하지 못한 공간을 찾아낼 수 있다. 아울러 추후 공사를 진행할 때 건축주와 작업자의 소통에도 도움이 된다. 작업자들은 모형을 보면서 평면도와 연결해 건축주가 바라는 건물을 더 수월하게 이해할 수 있다. 모형은 설계 완성 후 한 번만 만드는 것이 아니라 설계를 변경할 때마다 모형을 만들어 검토한다.

모형은 건축 준비 과정에서 여러모로 도움이 되지만, 건축가가 모형을 만들어주지 않는 경우가 많다. 건축가 입장에서는 모형을 제작하는 시간과 노력에 비해 효율성이 낮다고 판단하기 때문이다. 그러므로 모형을 만드는 비용은 따로 지불해야 한다. 요즘에는 모형 대신 3D 그래픽을 제공하는 경우도 있는데, 3D 그래픽과 실물 모형을 모두 확인하면 더욱 좋다.

▓ 효과적인 설계를 돕는 건물 모형

기본 설계와 실시 설계

기본 설계란 말 그대로 허가를 받기 위한 기본 설계도를 말한다. 건축물의 개요, 평면, 입면, 단면, 배치를 결정한다. 그러나 기본 설계만을 바탕으로 공사를 진행하면 나중에 시공사와 분쟁에 휘말리거나 추가 공사비가 눈덩이처럼 불어날 가능성이 높다.

실시 설계란 기본 설계를 바탕으로 모든 작업을 시공할 수 있도록 마감 자재까지 설계 도면 위에 상세하게 정리해놓은 것이다. 추후 실시 설계를 토대로 견적을 받고, 비용이나 품질 문제로 자재를 변경해야 하는 경우에도 실시 설계를 기반으로 수정하면 된다.

시공사와 분쟁이 생기더라도 실시 설계가 잘 갖춰져 있으면 걱정을 한결 덜 수 있다. 그러므로 설계는 기본 설계와 더불어 실시 설계까지 꼭 해둬야 한다.

설계 전 감리자를 미리 선정한다

일반적으로 설계가 끝난 뒤 시공사를 선정하고, 건축 허가를 신청할 때 감리자를 구한다. 건축법상 감리자는 반드시 선정해야 한다. 감리자는 보통 비상근으로 필요한 경우에만 한 번씩 와서 감리를 해준다. 어차피 감리자를 선정해야 한다면 설계 전에 미리 구해서 설계 단계에서도 적극적으로 도움을 받는 것이 좋다.

건축주와 건축가 사이에는 원만하게 소통할 수 없는 부분이 생기기 마련이다. 건축에 관한 한 건축주는 아마추어이고, 건축가는 프로이므로 대개 건축가의 의도대로 진행되기 일쑤다. 이로 인해 서로 부딪치고 감정이 상할 수도 있다.

이처럼 건축주의 의견이 제대로 반영이 되지 않을 때 감리자의 도움을 받을 수 있다. 건축법상 반영이 어려운 부분은 전문가인 건축가의 의견을 받아들인다지만, 건축가의 명백한 아집 탓에 반영이 되지 않는 부분이 생긴다면 같은 전문가인 감리자의 도움을 받아 해결할 수 있다.

또한 디자인은 좋지만 시공 단계에서 작업 난도가 높아 공사비가 증가하는 경우도 있는데 건축주 혼자서는 이를 잘 파악할 수 없다. 건축의 구조 변경이나 작업 공정을 잘 알고 있는 감리자의 도움을 받아 사전에 설계를 수정하면 공사비 절감도 기대할 수 있다.

소통하라

설계를 의뢰할 때 건축주가 원하는 바를 말로만 설명하지 말고 글로 간단명료하게 정리해 미팅 때 전달한다. 설계 단계에서 건축가와 대면할 때마다 글로 전한 요구 사항이 설계 도면에 제대로 반영되었는지 하나씩 검토한다.

설계를 의뢰하기 전에 건축주가 준비한 공사비 예산을 알려주는 것이 좋다. 건축가는 예산에 맞춰 설계를 할 수 있어 설계 기간을 단축하는 데 도움이 된다. 예산을 알려주면 실제 소요보다 공사비가 증가할 것을 염려해 보통 알려주지 않으려 하는데 그럴 필요는 없다. 추후 공사비는 실시 설계를 바탕으로 견적서를 받으면 된다.

설계는 전문적인 건축사무소에 의뢰한다

설계비를 아끼려고 시공사에 설계부터 모든 공사를 다 의뢰하는 건축주들이 종종 있다. 건축주가 설계비를 아예 염두에 두지 않았거나 저렴하게 책정했기 때문일 것이다. 물론 설계 기간이 단축되므로 공사기간이 빠를 수 있다. 하지만 이렇게 만들어지는 설계 도면은 '시공'에 초점을 맞춘 도면이므로 건축주의 꿈이 반영되기 어렵다. 건물의 질도 떨어질 수밖에 없다.

건축사무소도 설계비에 맞게 서비스를 제공한다. 전문가인 만큼 자신의 명예를 위해서라도 제대로 된 디자인을 만들려고 최선을 다하고, 건축주의 의견을 반영해 건물의 품질을 높이려고 노력한다.

건축가가 설계한 건물을 꼭 방문해 확인한다

설계를 맡길 건축가가 그동안 설계한 건물들을 둘러보면 도움이 된다. 그 건물의 건축주를 만나면 더욱 좋겠지만, 만나지 못하더라도 건물을 하나하나 확인해 추후 설계를 의뢰할 때 반영할 수 있다. 장점은 살리고 단점은 수정해 보완하는 식으로 참고하면 좋다.

건축가의 특징을 파악하라

건축가, 특히 건축설계사 중에는 뚜렷한 개성을 가진 사람이 많다. 이상적인 건축에 대한 꿈을 오래전부터 키워온 사람들이다. 그렇기에 건축가들의 전문성은 당연히 존중받아야 한다. 하지만 설계도 전체 건축의 일부이며, 건축주 입장에서는 비용이 지출되는 단계다. 그러므로 건축가를 대할 때는 건축가마다의 개성과 특성을 잘 파악할 필요가 있다.

우선 나이가 30~40대인 신진 건축가들은 의욕적으로 미래를 꿈꾸는 젊은 건축가들이다. 창의적인 디자인과 자부심이 배어 있는 설계를 한다. 그러나 경험이 부족하다 보니 공간 활용도가 떨어지고 다양한 자재 사용을 꺼리며 건축주의 의도를 제대로 반영하는 데 미숙함이 자주 나타난다. 설계비는 보통 1,500만원에서 3,000만원 선이라고 한다.

20년 이상 설계 경험이 있는 중견 건축가들은 자기 스타일이 뚜렷하고 건축주의 의견보다는 본인의 의견이 더 강하다. 건축주의 건물을 설계하는 것이 아니라 건축가의 시각이 투영된 건물을 설계한다. 건축가의 세계관이 투영된 디자인으로 설계를 추구하므로 건축비도 약 20% 정도 많아진다. 설계비는 3,000만원에서 5,000만원 선이라고도 하는데, 건축가에 따라 더 많은 설계비를 받기도 한다.

그리고 건축가들 중에는 방송에 출연하여 인지도가 높은 유명 건축가들이 있다. 교수를 겸직하는 건축가도 있다. 건축주가 이런 건축가를 선택할 때는 신중해야 한다고 권한다. 유명 건축가를 선택하는 순간 모든 것이 건축가에 의해 결정된다고 볼 수 있기 때문이다. 건축가 자체가 브랜드이고 건축주도 이 브랜드를 선호해 선택한 만큼 건축주 본인의 의견보다 건축가의 디자인을 많이 따르게 된다. 즉 건축주의 자금으로 건축가의 작품을 짓고 감상하며 살게 되는 것이다. 당연히 건축비도 30% 정도 상승한다. 설계비는 1억원 이상 책정해야 한다.

건축주가 알아야 할
설계 지식

설계비 지급

설계 업무는 크게 계획 설계, 중간 설계, 실시 설계로 이루어지며, 설계비는 건축 착공 허가에 필요한 실시 설계 도면까지 완료되었을 때 건축가에게 계약에 따른 설계비를 모두 지불하는 것이 원칙이다. 이때 설계비를 지급하는 방식은 계약 조항으로 상호 합의하여 명시하면 된다. 예를 들어, 계약 시 10%, 계획 설계 시 30%, 중간 설계 시 30%, 실시 설계 시 30%로 나누어 지급한다.

건축주 입장에서는 건축가에게 설계를 의뢰할 때, 실시 설계 도면까지가 아닌 사용 승인 도면까지 계약 사항으로 기재하는 것이 좋다. 추후 발생하는 추가 도면에 대한 추가 설계비 발생을 미연에 방지할 수 있다. 그러므로 설계 계약 시 사용 승인 도면까지 발생하는 비용을 지불하고 설계 계약을 하는 것을 권한다.

건물 완공 후 사용 승인 도면을 받을 때 주의할 점은 모든 도면을 다 챙겨야 한다는 것이다. 실제 사용 승인 도면과 완공한 도면이 조금 차이가 날 수 있다. 때로는 불가피하게 허가 도면에 표현할 수 없는 부분도 발생한다. 표현하지 못한 도면은 실제 완공한 도면에 표기해서 받아둬야 한다.

특히 전기 도면과 설비 도면이 완공한 도면과 다른 경우가 많다. 추후 하자가 발생하면 도면을 통해 보수해야 하므로 반드시 전기 도면과 설비 도면은 완공한 도면으로 다시 만들어 보관해야 나중에 하자 보수 및 증축 시 도움이 된다. 겉으로 보이는 부분은 도면이 없어도 하자 보수가 수월하지만, 전기나 설비관(수도, 하수도, 보일러 등)은 내부에 묻혀 있으므로 도면이 없으면 하자 보수를 하기가 어렵다.

이러한 부분은 설계 계약을 할 때 미리 기재해 추후 설계비를 더 요구하지 않도록 한다. 그렇지 않으면 도면을 그려달라고 할 때마다 추가 설계비를 요구할 수도 있다.

설계 도면 보는 법

건축 설계 도면은 말 그대로 건축물을 지을 때 사용하는 도면이다. 도면은 점(0차원)부터 시작해 선(1차원)을 그어 면(2차원), 공간(3차원)을 표현하는 작업이다. 많은 건축주가 0차원인 점, 1차원인 선과 2차원인 면까지 잘 따라오다가 3차원인 공간으로 들어오면 머리가 복잡해지고 이해를 잘하지 못한다. 거기에 기호와 치수까지 들어가면 건축주는 포기하고 "알아서 해주세요."라고 한다.

건축가가 제시한 도면을 정확히 이해하지 못하면 그만큼 추후 시공에서 설계 변경이 생긴다. 설계 변경을 하게 되면 자연스럽게 추가 공사비가 발생하면서 시공사와 다투는 원인이 된다. 따라서 건축주는 설계 도면을 보는 데 필요한 기본 지식을 알아둬야 한다. 도면을 이해하면 건축가와의 의사소통 문제도 상당히 해결할 수 있어 설계 도면 변경 및 시공사와의 분쟁을 미연에 방지할 수 있다. 도면을 이해하기 위해서는 가장 먼저 도면에 표기되는 기호를 이해해야 한다. 다음 설명과 부록(297쪽)을 참조해 알아보자.

기호 이해하기

① 방위표

지도와 같이 도면에서도 북향을 위로 하여 그리는 것을 원칙으로 한다. 알파벳 N자가 나타내는 곳이 북쪽이며, 오른쪽은 동쪽(E), 왼쪽은 서쪽(W), 아래는 남쪽(S)이다. 표기 형태는 설계자에 따라 다양하다.

② 척도

크기의 비율을 일정하게 나타내는 것을 척도라고 한다. 종류는 배척(실물 확대), 실척(실물과 같은 크기), 축척(실물 축소)으로 구분한다. 건축 설계 도면에서는 1/60, 1/80, 1/100, 1/200 등의 축척을 사용한다.

③ 치수선

도면 각 부분의 길이를 나타내는 선과 치수를 말한다. 축소된 도면에 실제 치수를 표기하고 시공자는 이를 기반으로 작업을 한다. 치수 단위는 주로 mm를 사용한다.

④ 약자

건축 설계에 사용되는 기본적인 약자는 L(길이), H(높이), W(넓이), THK(두께), Wt(무게), A(면적), V(용적), D(지름), R(반지름) 등이 있다.(298쪽 참고)

⑤ 선의 종류

실선(—) : 모양을 표시하는 선이다. 굵은 선은 단면과 외형 배선 및 배관을 나타내며 가는 선은 치수, 치수 보조선, 인출 보조 설명이 필요할 때 사용한다.

파선(---) : 숨어 있는 배선과 배관을 나타낼 때 사용한다.

1점 쇄선(—·—) : 건축물의 중심선을 표시한다.

2점 쇄선(—··—) : 경계선을 나타낼 때 사용한다.(대지 경계, 읍·면·동 경
계 등)

⑥ 일반적인 구조·재료 표시 기호(건축가마다 다를 수 있음)

재료 이름	도면 기호	재료 이름	도면 기호
철근 콘크리트 벽체 기둥		철근 콘크리트 벽체 기둥(유사 기호)	
철골(H형강) 철근 콘트리트 벽체 기둥		무근 콘크리트	
		와이어 메시 콘크리트	
단열재		단열재(유사 기호)	
복합 패널		지반선	
콘크리트 벽돌		점토 벽돌, 블록	
자갈		석재	
모래		토사	
다짐		목재	주구조 / 부구조 / 수장목

도면 이해하기

설계 도면의 종류는 건축 설계 도면, 건축구조 설계 도면, 기계설비 설계
도면, 전기설비 설계 도면, 소방설비 도면, 토목 설계 도면, 조경 설계 도
면, 기계소방 도면, 전기소방 도면 등으로 세세하게 나뉜다.

도면을 보면 이름 옆에 원이 그려져 있다. 원 안에 'A'라고 기재된 것
은 건축 설계 도면(Architecture)을 나타내는 기호다. 여기에 'S'라고 기재
되어 있으면 건축구조 설계 도면(Structure)이라는 의미다. 이 중 건축 설
계 도면은 다시 배치도, 평면도, 단면도, 입면도로 나눌 수 있다.

■ 도면 종류 구분법

해당 페이지의
도면 번호

2

A | 01

사용 분야   도면
            페이지 번호

기호	사용 전문 분야	영어
A	건축 설계 도면	Architecture
S	건축구조 설계 도면	Structure
M	기계설비 설계 도면	Mechanical
E	전기설비 설계 도면	Electrical
F	소방설비 도면	Fire
C	토목 설계 도면	Civil
L	조경 설계 도면	Landscape
MF	기계소방 도면	Mechanical Fire
EF	전기소방 도면	Electrical Fire

① 배치도

건축물의 배경이 되는 주변과 대지, 대지와 건축물 등 부지 전체를 파악하는 중요한 도면이다. 대지 안에서 건물의 위치와 방향, 건물과 도로의 관계, 도로의 너비, 주 출입구와 진입 방향 등을 표시한다. 여기에 옹벽, 배수 및 오수 정화 시설, 공작물의 위치 및 규격을 표시한다.

64쪽 배치도 그림을 예로 들어 구체적으로 알아보자. 먼저 ① '종'과 '횡'은 각각 종단면도와 횡단면도의 기준선을 나타낸다.(단면도는 68쪽 참고) ② X축과 Y축은 각 층마다 같은 기준점을 설정해 여러 도면을 일치시키기 위해 사용한다. ③ 곳곳에 표기된 GL은 Ground Level의 약자로 지반선을 나타낸다.

오른쪽 NOTE 부분에 있는 용어도 함께 알아보자. FL은 Finish Level의 약자로 마감 시 지반 높이를 의미하며, SGL은 Slab Ground Level의 약자로 기초공사가 완료된 바닥 높이를 말한다.

즉 1층 FL±0=SGL+150이라는 식은 마감재(철근 콘크리트 100+PVC타

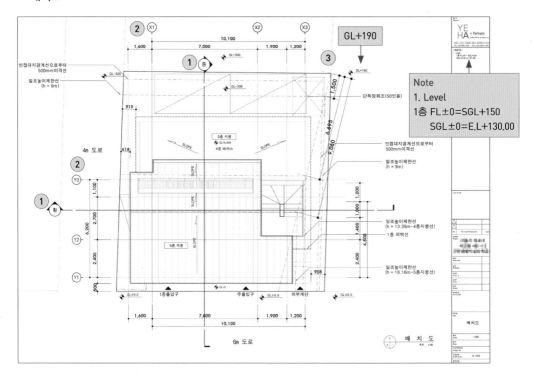

일 30+로스 20)를 작업한 결과물이 1층의 마감 지반 높이와 같다는 뜻이다.

이 밖에 도면에 기재된 사항 중 모르는 것이 생길 때마다 건축가에게 그때그때 질문해 설계와 도면에 관한 지식을 쌓아두면 좋다.

② 평면도

설계한 건물의 평면 상태를 나타낸 도면으로, 해당 층 바닥을 수평 방향으로 절단해 1.2~1.5m에서 내려다본 상태를 표현한 도면이다. 이 높이에서는 벽체의 두께 및 각종 개구부의 위치와 형태를 가장 잘 볼 수 있다. 평면도를 이용하면 건물의 각 층, 방, 출입구 등의 배치를 알 수 있으며 건물의 구조적 모습을 쉽게 파악할 수 있다. 더 세부적인 구조를 파악

평면도

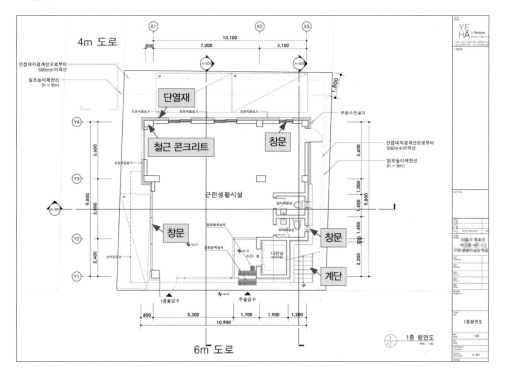

해야 하는 경우는 따로 확대 평면도를 작성한다.

• 바닥 평면도

바닥 30cm 위에서 내려다본 상태의 도면이다. 바닥 재료, 벽 재료, 걸레받이, 마감 재료, 방수턱, 바닥면 고저 등의 치수와 패턴을 정확히 표시한다.

• 천장도

천장 30cm 아래에서 올려다본 도면이다. 점검구 위치, 천장 재료, 천장 마감 재료, 천장의 고저, 조명의 배치 등을 표시한다.

| 건축가와 시공사에 대응하는 법 | 65

• 상세도

창호도, 가구 상세도, 조명 상세도 등 각 요소만 표기되어 있는 도면이다. 이 중 창호도를 살펴보면 각 창호별로 원 안에 기호와 번호가 명시되어 있다. 해당 기호와 번호를 통해 창호 안내도 아래에 있는 세부 창호도에서 자세한 수치 및 자재를 확인할 수 있다.

▦ 창호도의 기호 및 부호

명칭	도면 기호	명칭	도면 기호
출입구 일반		외여닫이문	
바닥 차 있는 문		주름문	
회전문		미서기문	
쌍여닫이문		미닫이문	
접이문		셔터문	
미닫이창		쌍여닫이창	
쌍여닫이문		외여닫이창	
자재문		계단	

66

▨ 창호 안내도와 세부 창호도

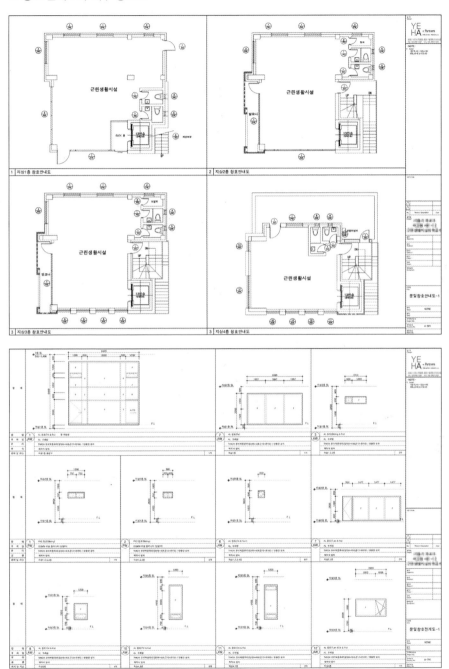

▒ 종단면도와 횡단면도

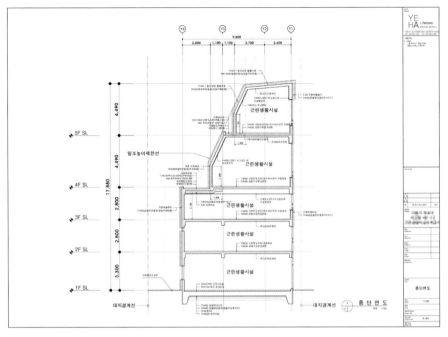

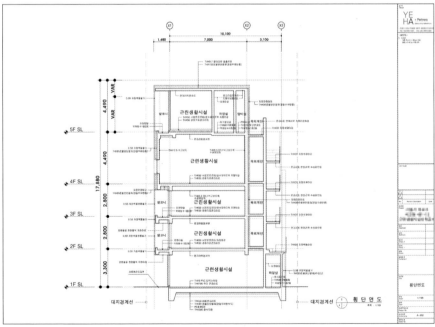

③ 단면도

건물의 전체 단면 상황을 검토하는 도면으로, 평면도에 표시할 수 없는 구조나 설비 시스템 및 내부 구조를 표시한 도면이다. 단면도를 그릴 때는 절단할 위치를 결정한 뒤, 평면도상에서 굵은 1점 쇄선(—·—)으로 표시한다.

④ 입면도

건물 외부를 나타내는 도면이다. 창이나 출입구 등의 위치, 치수, 외장재 마감 등을 알 수 있다. 입면도는 시점에 따라 정면도, 우측면도, 좌측면도, 배면도 등으로 나뉜다.

건축 설계 도면은 어느 정도 친숙할 수도 있지만, 건축의 구체적인 자재와 설비를 보여주는 건축구조 설계 도면은 건축주가 이해하기 어려운 개념이 많다. 도면을 명확히 파악하려면 어느 정도 전문 지식이 필요하다. 그러나 기초적인 건물 구조 용어만 알아도 설계 도면이 대강 무엇을 뜻하는지는 이해할 수 있다. 만약 철근 배근 등 세부적인 부분을 모른다면 건축가에게 설명을 부탁한다.

70쪽에 가장 기본이 되는 구조 용어를 정리했다. 도면에서 볼 수 있는 용어나 기호들은 이 기초 용어를 기반으로 한다. 도면 보는 일 자체는 단순하므로 익혀두면 좋다.

철근 배근, 전기, 기계, 소방은 전문가의 영역이므로 건축주가 여기까지 이해하기는 쉽지 않다. 기본 용어와 기호를 알고 구조 도면을 볼 줄 아는 정도라면 큰 도움이 될 것이다.

건축주가 알아야 할 설계 도면 체크리스트

① 도면 앞장의 설계 개요를 보고 건축물 주소 및 용도, 건축 면적, 용적

▥ 입면도

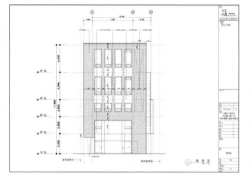

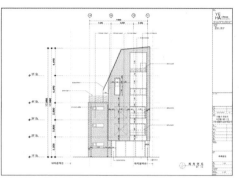

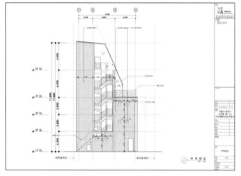

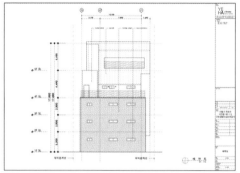

▥ 기초 건물 구조 용어

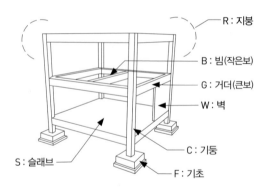

R : 지붕
B : 빔(작은보)
G : 거더(큰보)
W : 벽
C : 기둥
F : 기초
S : 슬래브

＊용어의 앞 숫자는 층을, 뒤 숫자는
　부위별로 지정된 번호를 의미한다.

F1	C1	1G1	1B1	1S1	W1	R
Foundation 기초(오각형)	Column 기둥(원형)	Girder 큰보	Beam 작은보	Slab 슬래브 (콘크리트 바닥)	Wall 벽	Roof 지붕

률, 건폐율, 건축 허가 조건 및 제약 등을 확인한다.

② 건축물의 외부 배수 설비 도면을 보고 우수, 생활하수, 오수 등이 구분되어 있으면서 외부 하수도에 연결이 제대로 되어 있는지 확인한다. 특히 배관 관경(관의 직경)을 150mm 이상 사용하는지 확인하다.

③ 재료 마감표를 별도로 작성해 각 층의 벽, 바닥, 천장 마감 재료를 확인한다. 최종 마감에 따라 골조공사 방법이 다르므로 도면에 명시된 외장 마감재를 꼭 확인한다. 나중에 최종 마감재를 변경하려면 골조부터 다시 수정해야 하므로 마감재를 신중하게 선택한다. 추후 불가피하게 마

▓ 건축 개요

▒ 우, 오수계획도

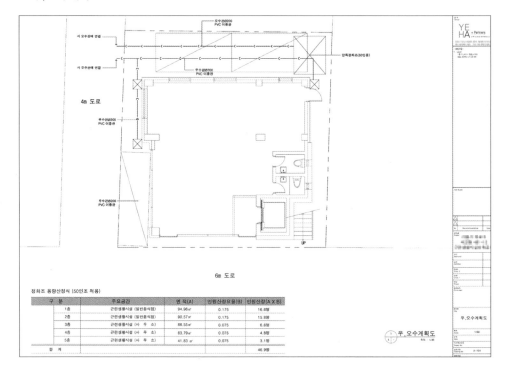

우, 오수계획도

정화조 용량산정식 (50인조 적용)

구 분	주요공간	면 적(A)	인원산정요율(B)	인원산정(A X B)
1층	근린생활시설 (일반음식점)	94.96㎡	0.175	16.6명
2층	근린생활시설 (일반음식점)	90.57㎡	0.175	15.8명
3층	근린생활시설 (사 무 소)	88.55㎡	0.075	6.6명
4층	근린생활시설 (사 무 소)	63.79㎡	0.075	4.8명
5층	근린생활시설 (사 무 소)	41.83㎡	0.075	3.1명
합 계				46.9명

감재를 바꿔야 할 때는 시공사와 상의해 골조의 변동이 없는 마감재로 변경하는 것이 좋다.

예를 들어 바닥 마감재를 변경할 때 마감 자재의 두께가 다른 경우, 그 두께만큼 바닥 골조의 깊이를 수정해야 하는데 이 작업이 결코 만만치 않다.

④ 건물 입면도, 좌우 측면도, 배면도를 보고 건물의 외부 마감재를 확인한다. 이 또한 외부 마감재에 따라 골조공사 방법이 다르므로 주의한다.

⑤ 각 층 평면도에서 각 실의 배치 및 칸막이 형태를 보고 벽체, 층고, 출입구 동선, 마감 등의 사항을 확인한다.

■ 재료 마감표

구 분	실 명	바 닥(F)			걸레받이(B)		벽(W)		천 장(C)		상 세
		마 감	두 께	비 고	마 감	비 고	마 감	비 고	마 감	비 고	
지상1층	엘리베이터홀	THK20 화강석	190	-			THK20 화강석		지정 수성페인트		FNC-1
	근린생활시설	THK3 데크스타일	190	-	MDF 기성 걸레받이	K-50	노출콘크리트		노출콘크리트(코팅포함)		FNC-1
	화장실	THK 8 논슬립자기질타일	190	-		K-50	THK 8 도기질 타일	방수높이 K-1000	지정 PVC 천정재		FNC-1
지상2층	근린생활시설	THK3 데크스타일	190	-	MDF 기성 걸레받이	K-50	노출콘크리트		노출콘크리트(코팅포함)		FNC-1
	화장실	THK 8 논슬립자기질타일	190	-		K-50	THK 8 도기질 타일	방수높이 K-1000	지정 PVC 천정재		FNC-1
	창고	THK3 데크스타일	190	-	MDF 기성 걸레받이	K-50	지정 수성페인트		지정 수성페인트		FNC-1
	발코니	THK 8 논슬립자기질타일	190	-		-	지정 스타코		지정 수성페인트		FNC-2
지상3층	근린생활시설	THK3 데크스타일	190	바닥난방	MDF 기성 걸레받이	K-50	지정 수성페인트		노출콘크리트(코팅포함)		FNC-1
	화장실	THK 8 논슬립자기질타일	190	-		K-50	THK 8 도기질 타일	방수높이 K-1000	지정 수성페인트		
	침실	THK3 데크스타일	190	-	MDF 기성 걸레받이	K-50	지정 수성페인트		지정 수성페인트		
	발코니	THK 8 논슬립자기질타일	190	-		-	지정 스타코		지정 수성페인트		
지상4층	근린생활시설	THK3 데크스타일	190	바닥난방	MDF 기성 걸레받이	K-50	지정 수성페인트		지정 수성페인트		FNC-6
	화장실	THK 8 논슬립자기질타일	190	-		K-50	THK 8 도기질 타일	방수높이 K-1000	지정 PVC 천정재		FNC-6
지상5층	근린생활시설	THK3 데크스타일	190	바닥난방	MDF 기성 걸레받이	K-50	지정 수성페인트		지정 수성페인트		FNC-6
	화장실	THK 8 논슬립자기질타일	190	-		K-50	THK 8 도기질 타일	방수높이 K-1000	지정 PVC 천정재		FNC-6
	펜트하우스	THK3 데크스타일	190	-	MDF 기성 걸레받이	K-50	지정 수성페인트		지정 수성페인트		FNC-7
	테라스	THK 8 논슬립자기질타일	190	-		K-50	지정 스타코		지정 스타코		FNC-8

옥 외 재 료 마 감 표

구 분	마 감
지상층 주차장	두께190 콘크리트콘석강기/방평콘석제
외벽마감재 - 저층벽돌/셀롱줄기	지정 벽돌벽돌 0.5B 마감
외벽마감재 - 스타코	지정 스타코 외감
지 붕	THK 0.7 칼라강판

단열 / 방수 /유리

구 분	단 열	방 수	유 리
지 붕	두께 150준불연단열재 (경질우레탄폼) +외기에직접 면하는 지붕		
벽 체	두께 90준불연단열재 (부설포) +외벽직접 면하는 벽 / 두께 80준불연단열재 (경질우레탄보드)+외기에직접 면하는 벽	액체방수1종+부식방지 도막수 / 240방근이액종류지 (6W+15W+6W)	
바 닥	두께 60준불연단열재 (경질우레탄보드)+외기에직접 면하는 바닥	액체방수1종+부식방지 도막수 / +측정실바닥	

YE HA + Partners

실내재료마감표

A-001

⑥ 주 계단 평면도에서 층고 대비 계단 높이, 간격, 중참(계단과 계단 중간 부분의 공간) 부분의 높이를 확인한다. 특히 계단 높이는 건축 허가 특검 시 필수 확인 사항이므로 시공할 때도 꼭 확인한다.

⑦ 도면에 명시된 창호와 출입문의 부호 및 개수 등을 창호 상세도에서 정확히 확인한 후 창호 크기 및 브랜드명, 자재와 유리 종류를 확인한다.

⑧ 각 건축 도면을 검토했다면(①~⑦) 건축구조 도면, 설비, 전기, 통신 등의 도면을 확인하면서 교차 검토한다.

⑨ 건축구조 도면에서 철근 생산지, 철근 굵기, 배근 방법, 이음 방법 등을 확인한다.

⑩ 각종 설비 도면에서 배관 자재 종류를 무엇으로 사용하는지 확인한다.

⑪ 전기설비 도면에서 층별 전기 배선, 전선 굵기, 스위치 위치, 전등, 배전반 위치 등을 확인한다.

위에서 설명한 사항을 건축주가 검토하다 보면 당장은 모르는 부분이 많을 것이다. 그러나 결코 건축주에게 많은 지식을 요구하는 것이 아니다. 건축주 스스로가 자신이 원하는 공간의 크기, 창호, 문의 위치와 크기, 외부 마감재, 전등과 스위치 위치 등을 파악하려면 최소한 이 정도 지식을 갖춰야 한다. 설계 도면을 보고 이런 기본 사항을 확인하지 않고 있다가 최종 건물이 완공된 다음 후회하는 일은 없어야 한다.

▓ 설계도서 정리

설계도서	설계 도면	건물이 완성되었을 때를 자세하게 표현한다.
		평면도, 단면도, 입면도, 창호도, 상세도 등
	계산서	어떤 기준에 따라 설계되었는지 계산된 내용을 표기한다. 안전에 초점을 맞춰 각 건물 부위의 크기와 구조 등을 밝힌다.
		구조계산서, 설비용량계산서 등
	시방서	이 건물을 어떻게 건축할 것인지 표기한다. 공사 현장에 사용되는 자재가 많을수록 시방서가 많아진다.
		창호 시방서, 조적(벽돌 작업) 시방서 등
	수량산출서	이 건물에 어떤 자재가 얼마나 들어가는지 표기한다.
	공내역서	수량산출서를 기반으로 공사비를 산출할 수 있게 만든 서류

많은 지식은 필요 없다. 그저 자기 건물에 애정을 갖고 조금 시간을 내면, 얼마든지 설계 도면을 파악할 수 있다. 만약 설계 도면을 보고 의문이 생기는 부분이 있다면 그때마다 건축가에게 적극적으로 질문한다. 이를 거절하는 건축가는 없을 것이며 이를 거절하는 건축가가 있다면 당장 설계를 중단하고 다른 건축가에게 의뢰하는 것이 좋다.

설계 과정에서 건축주가 봐야 하는 서류는 설계 도면 이외에도 계산서, 시방서, 수량산출서, 공내역서 등이 있으며 이를 설계도서라고 한다.

설계 진행 프로세스

1단계 : 기획

설계 전에 사전 조사를 토대로 법리적인 문제를 검토한다. 이후 어떤 건물을, 몇 층 올릴 것인지 계획한다. 건축주는 건축에 관해 법적 사항을 분석한 법규 검토서를 받게 되며, 대략적인 규모 및 배치를 함께 검토한 뒤 설계 계약을 한다. 건축가는 건축주의 의견을 반영한 설계 작업 계획을 작성한다.

건축가에게 특별한 요구 사항(설계 완성 기한, 특정 디자인 반영 등)이 있다면 설계 계약서를 작성할 때 꼭 특약 사항으로 넣는 것이 좋다. 특약 사항을 기재하는 것에 반감을 품는 건축가도 있다. 그러나 건축주의 요구가 부당하거나 무리한 것이 아닌데도 특약 사항 자체에 반발하는 건축가는 추후 작업을 같이 진행할 때도 불필요한 불만을 제기할 수 있다. 만약 이런 경우가 생기면 요구 사항을 특약으로 기재해주는 다른 설계 업체를 찾는 것을 권장한다.

2단계 : 계획 설계

검토한 법규와 사전 조사를 토대로 어떤 건축물이 가장 효용 가치가 있는지 건축가와 함께 고민한다. 건폐율과 용적률, 일조사선 제한을 적용해 건물의 위치를 잡는 설계가 시작된다.

계획 설계 과정은 건축주가 디자인이나 편의성을 고려해 의견을 제시하면 건축가가 실제 건축 과정 및 법적 문제, 사용성을 고려해 개선안을 제시하는 방식으로 이루어진다. 건물과 관련한 서로의 생각을 맞춰가는 과정이므로 의견 교환과 충돌이 반복되며 이에 따라 설계 변경과 도면 폐기, 수정, 재작업이 수없이 이루어진다.

▒ 계획 설계에서 진행되는 의견 조율 과정에 따라 여러 모형이 등장한다

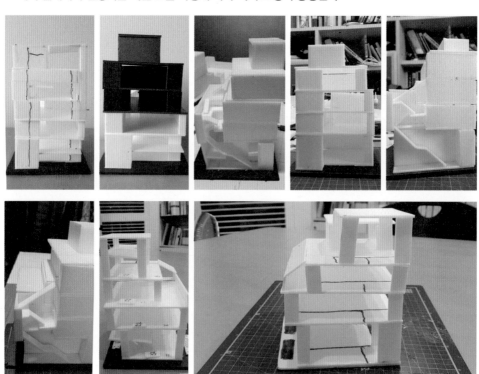

3단계 : 1~n차 설계

계획 설계 작업의 연장으로 외형 및 계단 위치 등을 결정한다. 계단 위치와 건축물과 계단의 디자인에 따라 건물의 디자인이 달라지므로 수정과 변경을 반복하면서 전체 디자인이 결정된다. 내부 공간의 구조, 각 층의 높이를 결정하고 계단의 위치, 화장실 등 공간의 구조를 완성한다. 이때 구조 검토가 같이 진행된다.

꼭 논의해야 할 것은 각 층별 기둥을 공간 사용에 제한을 받지 않는 범위 내에서 어디에 세울 것인지다. 공간이 좁은 꼬마빌딩에서 기둥이 차지하는 비중은 매우 높다. 예를 들어 정가운데에 기둥을 설치하면 공간 활용이 크게 제한된다. 그러므로 건축물 구조에 지장을 주지 않고 공간 활용을 최대한 잘할 수 있는 기둥 위치를 선정하는 작업이 매우 중요하다.

▥ 본격적인 설계 과정 예시

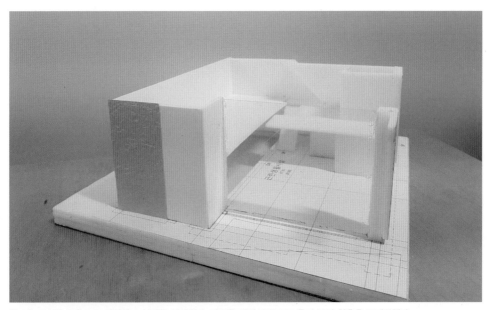

① 1층 근생을 복층으로 설정하고 설계를 시작했다. 기둥을 화장실 쪽으로 옮겨 공간 활용을 극대화했다.

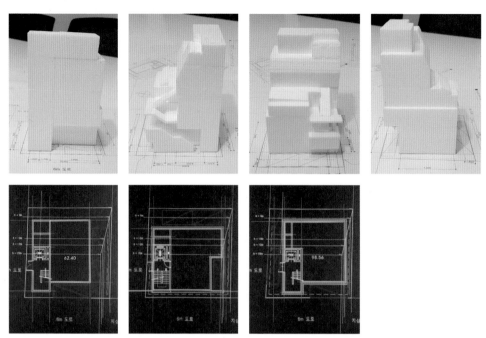

② 초기 설계를 바탕으로 다양한 시점에서 건물 디자인을 검토했다. 왼쪽 사진부터 건물의 전면, 좌측면, 후면, 우측면 시점이다. 건물이 전체적으로 깔끔하게 떨어지는 모습이 없어서 설계를 수정하기로 했다.

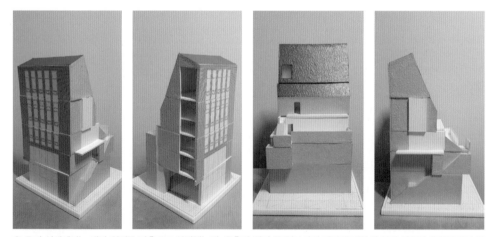

③ 초기 설계에서는 계단 위치를 좌측으로 설정했는데, 우측과 배면 쪽 일조사선 때문에 건물의 선이 깔끔하게 떨어지지 않아 계단 위치를 우측으로 변경했다.

왼쪽 사진부터 전면부와 우측 계단, 전면부와 좌측면, 후면, 우측면 시점이다. 좌측에 계단을 놓았을 때보다 건축물의 지저분한 선들이 깔끔하게 처리되었으나 계단 부분에서 더 깔끔한 처리가 요구되어 재작업을 해야 했다.

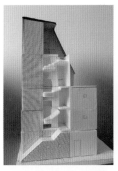
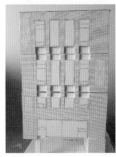

④ 최종적으로 계단 위치를 우측 중앙에 두었다. 맨 왼쪽 사진은 우측 계단의 모습이다. 전면부와 좌측, 좌측면, 후면부, 전면부도 완성 단계에 이르렀다.

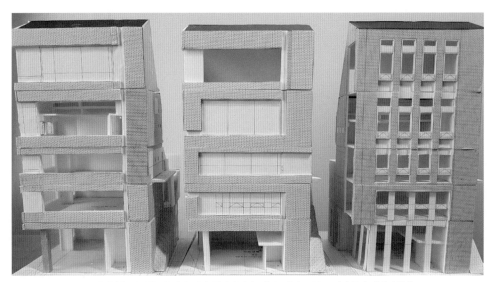

⑤ 전면부 창과 벽돌 디자인을 달리한 세 개의 안이 완성되었다. 이 중 가장 오른쪽 디자인이 채택되었다.

4단계 : 기본 설계(착공 인·허가 도면)

1차 설계 도면을 토대로 착공 인·허가를 받기 위한 도면을 재구성해 착공 허가 도면을 완성한다. 배치도, 단면도, 입면도, 구조도, 구조 상세도, 재료 마감표, 각종 상세도 등을 도면화한다.

5단계 : 실시 설계 도면

착공 인·허가 도면을 신청하고 기본 도면을 근거로 상세한 실시 설계 도면을 만든다. 시공사나 기타 하청 업체들이 범하는 시공 오류를 없애기 위해 실제 시공에 알맞은 형태로 도면을 재구성하고, 각 자재 선정과 자재 배치에 따른 정확한 치수와 모든 작업 공정을 기재한다. 이는 추후 시공 과정에서 분쟁의 소지를 없애고 공사비를 절약하는 방법이기도 하다. 특히 자재 선택에 따라 시공 방법이 달라지므로 나중에 자재 변경을 요구할 때 시공사는 추가 공사비를 요구할 수밖에 없다. 자재에 따라 작업 공정의 순서가 바뀔 경우, 시공사는 공사를 다시 하기 때문에 추가 공사비를 청구하는 구실이 된다.

이를 미연에 방지하려면 사전에 발품을 팔아서 자재를 신중하게 선택해놓고 추후 변경 없이 공사를 진행한다. 자재에 변경 사항이 생기면 건축주와 시공사 사이에 다툼이 많이 일어난다. 건축주는 단순히 이것 하나 못해주냐고 말할 수도 있겠지만, 시공사는 그전에 공사했던 부분을 다 철거하고 재시공을 해야 한다. 이 같은 입장 차이로 분쟁이 생기는 경우가 잦다.

6단계 : 사용 승인 설계

착공 허가까지가 공사 전 설계였다면 사용 승인은 공사 후 설계에 해당한다. 공사 완료 후 각 지자체는 건축법에 따라 허가 도면대로 공사가 완료되었는지 특검을 한다. 허가 도면대로 공사를 했다면 문제는 없다.

그런데 공사를 하다 보면 약간의 치수 차이로 도면을 수정해야 하는 경우가 발생한다. 설계 계약서에 사용 승인 설계 도면까지 계약했으면 문제가 없지만, 그렇지 않다면 추가 설계비를 요구한다. 말이 추가 설계이지 착공 허가 도면을 수정하는 것뿐인데도 비용을 더 청구하는 경우가 생기기도 한다.

계약할 때 추가 비용을 요구하지 못하도록 분명히 기재하면 분쟁을 방지할 수 있다. 상식적으로는 착공 허가 도면을 수정해 사용 승인 설계까지 작업을 해주는 것이 당연하지만, 건축주의 약점을 파고들어 추가 비용을 요구하는 일은 비일비재하다. 건축주에게는 지식이 곧 돈이다.

건축가의 말만 믿고 있다간
낭패를 본다

설계 단계에서 건축법을 적용하는 일은 큰 어려움이 없다. 이때 적용할 건축법은 많은 사람이 잘 아는 내용이다. 하지만 지구단위 계획과 지역 조례는 각 지자체별로 다르다. 같은 곳이 하나도 없을 정도로 복잡하므로 작업 전에 일일이 확인해야 한다.

건축법상 각종 규제 내용을 확인하지 않고 아무 문제 없다는 건축가의 말만 믿고 있다가 낭패를 보는 경우가 있다. 몇 개월에 걸쳐 설계를 한후 인·허가 도면을 제출했는데 담당자가 내규를 검토하고 나서 "이 용도로는 인·허가가 안 된다."며 설계 도면의 수정이 불가피하다고 말하면 크게 당황하지 않을 수 없다. 간단히 한두 시간 수정 작업을 해서 다시제출할 수 있다면 문제가 없겠지만, 지금까지 진행된 설계를 뒤엎고 재설계를 해야 한다면 일이 커진다. 이런 상황을 반복해 겪게 되면 어떤 건축주도 인내하기 힘들다. 설계하는 데만 한두 달이 훌쩍 넘어갈 수도 있다. 건축주에게는 이 같은 지연 상황이 모두 비용이라는 큰 부담으로 돌아온다.

설계 지연은 어쩔 수 없이 동절기 공사로 이어지고, 동절기 공사는 짧은 작업 시간과 추운 날씨 탓에 작업 능률이 떨어진다. 뿐만 아니라 골조의 양생 시간과 동결 문제를 해결하기 위해 공사비가 매우 늘어난다. 혹여 공사비를 충당하려고 대출을 받았다면 불어난 대출 이자도 고려해야 한다. 이렇게 늘어난 공사비는 모두 건축주가 부담해야 한다.

이를 방지하려면 첫째, 사전에 직접 관할 관공서를 방문해 인·허가에 필요한 조례 규정을 검토한다. 둘째, 설계 계약을 할 때 반드시 설계 지연에 대한 배상 내용을 특약 사항으로 기재해 책임 소재를 명확히 해야 한다. 그래야 건축가도 긴장하고 조금 더 신경을 쓴다. 셋째, 실시 설계를 할 때는 시공 도면까지 첨부하도록 요구한다. 특히 창호, 외장공사 및 에어컨, 설비, 전기, 통신, CCTV, 보일러 등 미리 시공할 배관 작업을 도면상에 상세하게 작업 지시로 명시해 추후 발생할 분쟁을 사전에 방지한다.

시공사를 선정하는 법

견적서의 함정

건축가를 선정하고 설계를 마무리했다면 설계를 실현해
줄 시공사를 선정할 차례다. 시공사는 건축가의 설계를 받아 실제로 건
물을 건축하고 시공하는 일을 한다. 설계까지는 큰 어려움 없이 멋진 건
물을 올릴 희망에 부풀지만, 이 단계에서 시공사를 섣불리 정해버리면
시공이 시작되자마자 희망이 산산조각 나기 일쑤다. "집을 지으면 10년
더 늙는다."는 말이 있다. 왜 이런 이야기가 나오는 것일까? 가장 큰 이
유는 앞에서 언급했듯이 시공사의 생각과 건축주의 생각이 서로 다르기
때문이다.

세상에 공짜는 없다. 건축주는 지불한 공사비만큼 가치 있는 건물을
짓고 싶어 한다. 시공사는 견적 공사비보다 최대한 저렴하게 지어 이윤
을 창출하려 한다. 결과물은 같지만 서로의 목적에는 엄청난 차이가 있
다. 건물 사양이 같다면 공사비는 거의 비슷하다. 지금과 같은 정보화 시
대에는 시공사가 공사비를 눈덩이처럼 부풀려서 이윤을 낼 수 없다. 단
지 시공사별로 공사비 책정의 방법이 다를 뿐이다.

A시공사는 부대 비용을 공사비에 녹여서 첨부하고, B시공사는 처음부
터 별도로 첨부하며, C시공사는 중간에 첨부한다. 각 회사마다 공사비가
달라 보여도 자세히 들여다보면 거의 비슷하다. 예를 들어 A시공사는 평

당 400만원, B시공사는 500만원, C시공사는 600만원에 견적이 들어왔다고 가정해보자. 거의 모든 건축주는 400만원인 A시공사와 계약을 체결하고 공사를 진행할 것이다. A시공사는 정말 400만원만 있으면 공사를 마무리할 수 있을까?

절대로 그렇지 않다. C시공사가 왜 600만원이라는 견적을 냈는지 생각해봐야 한다. C시공사의 600만원 견적이 제대로 된 가격이라면 A시공사는 추후 200만원의 공사비를 어떻게 뽑을까 궁리할 것이다. A시공사가 자기 돈을 들여 건물을 지을 리는 없기 때문이다.

예를 들어 1번에서 10번의 공정을 거쳐 순서대로 공사를 한다고 가정해보자. A시공사는 10가지 공정 중 1, 3, 5, 7, 9, 10번 공정만, 또는 2, 4, 6, 8, 10번 공정만 하고 중간중간 공정을 생략하거나 단순화 작업을 진행할 것이다. 겉으로 보이는 결과물은 같아 보이기 때문에 누구도 생략된 공정을 알 수 없다.

하지만 C시공사는 중간에 공정을 생략하지 않고 정석대로 1~10번 공정을 모두 진행할 가능성이 크다. 당장 겉으로 보이는 결과물에는 큰 차이가 없어 보이더라도 품질에는 분명한 차이가 생긴다.

이런 점을 고려해 2~3개 업체에서 견적서를 받아보면 공사비가 어느 정도 들어가는지 알 수 있다. 공사비의 차이가 단지 회사 규모나 명성 때문이라면 건축주는 본인의 구상에 맞는 시공사를 선택하면 된다. 또한 시공사가 폭리를 취하려고 공사비 단가를 높이거나, 거꾸로 무조건 공사를 수주하려고 가격을 낮춰 들어올 때 건축주는 여기에 현혹되지 말고 냉정히 시공사를 선정해야 한다.

똑같은 자재와 인원을 투입해도 시공사가 종합건설회사인지, 개인사업자인지, 또는 직영으로 작업하는지에 따라 공사비는 상당히 차이가 난다. 즉 건축 면허에 따라서도 공사비가 완전히 달라질 수 있다.

건축주가 시공사를 선택할 때 시공사의 면허는 매우 중요하다. 2018

년 6월 27일 법 개정에 따라 연면적 200m²를 초과하는 건축물을 시공할 때는 반드시 종합건설 면허가 있어야 하기 때문이다. 예외 조항도 있지만 대부분 상황에서 면허는 꼭 필요하다.

개인사업자나 직영 업체는 면허를 임대해서 시공하는 경우도 있다. 이런 시공사는 시공 능력도 불확실하지만 산재보험에 가입하지 않는 경우가 많다. 눈앞의 비용을 아끼려고 이 같은 시공사를 선택하면 낭패를 볼지도 모른다. 현장에서 사고가 발생하면 건축주도 책임을 회피할 수 없어서 심각한 문제가 생길 수 있다.

기본 설계와
실시 설계는 다르다

공사비는 건축가가 만든 설계도를 바탕으로 시공사와 협의해 책정한다. 기본 설계가 끝난 뒤 공사비를 산정할 때 주의해야 한다. 건축 허가를 받을 수 있는 설계도를 기본 설계(Basic Design)라고 하는데, 많은 건축주들이 기본 설계가 마무리되면 설계가 끝났다고 착각한다. 기본 설계란 말 그대로 기본이 되는 설계다. 이 설계는 구조와 건축물의 외형만 보여준다. 기본 설계만으로 공사비를 책정하면 나중에 설계 변경이나 실내 인테리어 등 추가 공사비가 발생한다. 건축주는 건축주대로, 시공사는 시공사대로 추가 공사비를 둘러싸고 서로 이해관계가 상충하면서 분쟁이 시작된다.

그런 분쟁은 당연한 결과다. 애초에 서로 합의하지 않은 부분에 대해 공사가 상당히 진행된 후에 결정한다는 것은 쉬운 일이 아니다. 공사가 진행되면 갑과 을의 관계가 바뀌어 그동안 갑이었던 건축주는 을이 되고, 시공사는 갑이 된다. 추가 공사비는 갑의 의도대로 결정될 수밖에 없다. 흔히 건축주는 내 돈을 들여 내 땅에 건축하는 것이니 내 마음대로 처리하면 된다는 착각을 한다. 그러나 내 땅에 건축물을 짓는 순간, 등기부상에 등기만 건축주 이름으로 되어 있을 뿐 모든 권리는 시공사에 있다. 이를 유치권이라고 한다. 따라서 건축주는 미리 시공계약서와 함께 공사 중단 시 이행각서, 포기각서를 만들어 각종 안전장치를 미리 강구해놓는 것이 좋다. 문제가 발생하면 결국 재판으로 이어지고, 재판은 엄청난 시간과 비용이 든다. 공사는 중지되고 그 시간에 비례해 공사비까지 증가한다. 재판에서 이긴다는 보장도 없고, 이긴다고 해도 결국 최종 피해자는 건축주가 된다.

정리하면, 건축주는 시공사에게 건축물을 인도받기 전까지 시공사가 유치권을 주장할 수 있다는 것을 꼭 알고 있어야 한다. 유치권을 주장하면 제일 피해를 보는 것은 건축주다. 그래서 시공사가 갑이고 건축주가 을이라는 말이 나오는 것이다.

시공사들은 견적서에 평당 단가를 경쟁 업체보다 저렴하게 청구하고 추후 추가 공사비에서 모든 단가를 올려 낮아진 단가를 만회하려고 한다. 이때부터 건축주는 시공사가 요구하는 대로 따라갈 수밖에 없다. 시공사와 건축주의 갈등이 가장 심하게 나타나는 시기다.

▥ 기본 설계와 실시 설계

기본 설계	• 주로 건축물의 구조와 외형을 보여주는 것을 목적으로 하는 설계 • 건축 허가를 받을 수 있다 • 설계 변경의 여지가 매우 많다
실시 설계	• 기본 설계를 바탕으로 실제 공사를 고려해 설계 • 상세 공사비 내역 포함 • 실내 인테리어 및 마무리 공사까지 반영

이런 문제를 방지하려면 실시 설계(Working Design)의 개념을 알아둘 필요가 있다. 디테일 디자인(Detail Design)으로도 불리는 실시 설계는 기본 설계도에 입각해 시공자에 의한 공사비의 내역 명세를 상세히 담도록 되어 있다. 즉 기본 설계가 끝난 뒤 실시 설계를 통해 실내 인테리어 등 마무리 공사까지 꼼꼼하게 공사비를 책정하고 기록해둬야 한다. 이를 소홀히 하면 건물을 완공하기도 전에 분쟁에 휘말려 법정에서 해결해야 할 일이 생긴다.

시공사를 선정할 때
고려해야 할 것

시공사의 시공 능력을 확인한다

시공사가 그동안 진행했던 공사를 보고 시공 능력을 검토하는 것이 가장 좋지만, 건축주가 이를 직접 확인하기는 쉽지 않다. 가장 손쉽게 시공사의 능력을 판단하는 방법은 시공사가 지은 건축물을 방문하는 것이다. 이런 경우는 가능하면 혼자 방문해서 공사 과정에 관한 이야기를 들어본다. 건축주를 만나 그동안 건물을 지으면서 발생한 마찰이라든지, 하자가 발생했을 때 어떻게 해결했는지 등을 물어보면 대부분 건축주는 상세하게 들려준다. 불과 얼마 전까지만 해도 물어오는 사람과 똑같은 고민을 했었고 무엇이 문제인지 누구보다 잘 알기 때문에 동병상련의 마음으로 친절하게 알려주기 마련이다. 단, 건축주를 만나 설명을 듣는 일 자체가 어려울 수 있다. 이때는 어쩔 수 없이 시공한 건물의 외부라도 꼼꼼히 확인하는 수밖에 없다.

확인할 건물이 없는 시공사는 선택을 재고해봐야 한다. 여러 건물을 지었다면서 소개해줄 건물이 없다고 한다면 시공사가 집을 지을 때마다 건축주와 불화로 서로 악감정을 갖고 헤어졌을 가능성이 농후하다. 이런 시공사를 선정하면 훗날 분쟁의 소지가 많아질 것이라고 추측할 수 있다.

하자 보수 능력을 확인한다

완공 후 반드시 하자 보수 이행증권을 받아야 한다. 하자 보수 이행증권이란 말 그대로 하자 발생 시 보수를 하지 않을 것을 대비해 보증해두는 안전장치다. 물론 시공사가 즉시 보수를 해주면 보증서나 증권은 필요 없다.

건물을 짓다 보면 하자 없이 완공하는 사례는 거의 없다. 따라서 하자가 발생했을 때 시공사가 이를 즉시 해결해주는지를 확인해야 한다. 하자 보수 비용과 하자로 인해 발생하는 민원 문제를 빠르게 처리해줘야 하지만 이를 제대로 해주는 시공사는 매우 적다. 따라서 시공사와 계약할 때 미리 하자 보증 금액과 기간을 정해 받아두는 것이 좋다. 공사 완료 후 증권을 받기는 거의 불가능하다. 증권을 작성할 때도 건축주 입장에서는 하자의 범위를 넓게 설정해 보장 금액을 높게 책정하는 것이 유리한 반면 시공사는 금액을 최대한 적게 설정하려고 한다. 일반적으로

▥ 주택법상 하자의 범위 및 하자 담보 책임기간

보증 기간	하자 범위	예치금 비율
1년차	미장, 도장, 도배, 유리, 금속, 목공사	10%
2년차	타일, 단열, 창호, 조적, 조경공사 및 위생, 전기, 통신설비공사	25%
3년차	포장, 온돌 및 소화설비, 승강기 공사	20%
4년차	콘크리트 및 방수공사	15%
5년차	보, 바닥 및 지붕의 균열 등	15%
10년차	기둥, 내력벽 균열 등	15%

통용되는 관례는 88쪽 표와 같다.

예를 들어 총건축비가 10억원인데 하자 보수 보증금을 3%로 할 경우 하자 보수 금액은 3,000만원이다. 표에 따라 1년차가 되면 하자 보수 보증금의 10%인 300만원의 권리가 소멸된다. 즉 하자 없이 1년이 지나가면 300만원의 비용이 자동적으로 소멸된다는 뜻이다. 2년차가 되면 하자 담보 총금액이 2,700만원이 된다. 마찬가지로 2년이 지나면 25%의 권리가 소멸되므로 750만원이 소멸되어 하자 담보 총금액이 2,250만원이 된다. 그러므로 하자가 발생하면 바로바로 보수를 해야 한다. 세월이 지나면 하자 보증 담보의 총금액도 줄어든다.

실전 TIP 하자 보수 신청하는 법

하자 보수를 진행하려면 반드시 하자 보수 이행증권을 가지고 있어야 한다. 이 증서를 가지고 보험회사에 하자 보수 예치금을 청구하면 된다. 청구 서류로는 건축물관리대장, 세대별 등기부등본, 하자 보수 요청 증빙 서류, 보험 청구서 및 수령동의서, 하자 조사 내역서(하자 보수 전문 업체 견적서) 등이 있다.

서류 준비가 복잡해 건축주가 모든 절차를 진행하기 어려울 수 있다. 일반적으로 하자 보수 전문 업체에서 서류 및 청구를 대행해주므로 이 같은 전문 업체에 의뢰하는 것이 좋다. 하지만 하자 전문 업체라고 무조건 믿는 것은 바람직하지 않다. 가끔 하자 전문 업체들이 하자를 빙자해 보증금을 과다하게 청구하는 경우도 비일비재하므로 주의해야 한다. 가장 좋은 방법은 시공사에 하자 보수를 의뢰해서 시공사와 해결하는 것이다. 만약 시공사가 차일피일 미루고 보수하기를 꺼린다면 그때 하자 보수 전문 업체에 의뢰하는 것이 좋다.

시공사의 자금 능력을 확인한다

자금력이 부족한 시공사는 건축주가 준 자금으로 이전에 공사한 건물의 인건비나 자재 대금을 지불한다. 내 건물을 짓는 데 사용하라고 지불한 자금을 일명 '돌려 막기'에 사용한다는 말이다. 이런 시공사는 공사가 진행되면 바로 추가 자금을 요청한다. 결국 자금 고갈로 공사가 중단될 확률이 높다. 이를 방지하려면 계약서에 건축주가 지불한 금액을 해당 공사 이외의 용도로 사용하지 못하도록 금지하는 문안을 기재하는 것이 좋다. 추후 이 문제로 법적 다툼이 생길 때 유리하게 작용할 수 있다.

기성금 지불도 공사한 만큼만 줘야 한다. 어떠한 경우라도 공사한 것보다 더 지불하면 안 된다. 계약할 때 시공사의 공정표를 받아 그 공정표에 따라 자금을 집행하면 된다. 시공 능력, 하자 보수 능력, 자금 능력, 이 세 항목은 반드시 확인하고 시공사를 선정한다.

이 세 가지 사항을 확인하지 않으면 특히 계약금에서 문제가 발생한다. 계약금 없이는 공사가 진행될 수가 없는데, 계약금을 지불하고 난 뒤 시공사가 공사를 시작하자마자 공사 대금을 요구하면 난처해지는 경우가 생긴다. 즉 공사한 만큼 공사비를 지불해야 하는데, 이렇게 되면 공사한 것보다 공사 대금을 더 지불할 수밖에 없다. 이를 대비하려면 계약금 이행 보증서를 발급받으면 된다. 추후 공사가 원만히 진행되지 않았을 때 계약금을 돌려받을 수 있는 안전 장치다.

실전 TIP **사설 증권은 금물**

보증서 또는 증권을 받았다고 해서 모든 보증이 다 통용되는 것이 아니다. 건설공제조합과 서울보증보험, 두 곳에서 발행한 증권만이 문제를 해결하는 데 도움을 줄 수 있다. 다른 곳에서 사설 증권을 발급받고 안심하고 있다가 낭패 보는 경우가 종종 있다. 사설 증권을 받은 경우, 문제가 발생하면 이런저런 이유로 지급을 미루다가 결국 법정 분쟁으로 해결하는 경우가 굉장히 많다. 그러므로 꼭 건설공제조합이나 서울보증보험에서 발행하는 증권을 받아야 한다. 증권이라고 해서 다 같은 것이 아니라는 사실을 명심하자.

시공사의 생각

계약서는 서로 불신한다는 전제가 깔려 있다. 이렇게 불신이 기본값으로 설정된 상태에서 건축주와 시공사는 어떻게 작업을 할 수 있을까? 대개 건축주와 시공사는 계약서에 도장을 찍을 때 서로 자신이 유리하다는 생각을 갖고 도장을 찍는다. 건축주는 계약서에 기재된 금액으로 공사가 순조롭게 완성될 것을 기대하면서 도장을 찍는다. 시공사는 그 순간부터 천천히 추가 및 변경 계약을 생각한다.

견적서를 보면 자재비, 인건비, 공과잡비, 일반 관리비, 기업 이윤, 보험료 등 여러 가지 항목이 있다. 하지만 이런 사항은 말 그대로 항목별로 분류한 것일 뿐 큰 의미를 둘 필요가 없다. 어차피 공사비 안에 다 녹여 견적 금액에 맞춰놓은 것이기 때문이다. 건축주가 가장 중요하게 여기고 확인해야 할 것은 본 공사와 별도 공사 항목이다. 착공 전 시공계약서에서 정하지 않은 공사는 모두 별도 공사로 봐야 한다. 도면에서 요구하지 않는 공사를 절대 견적서에 포함하지 않는다. 시공사는 필요한 공사라도 다른 업체와의 경쟁에서 이기기 위해 일단 포함하지 않은 채 별도 공사비로 책정한다. 견적서를 낼 때 특이 사항에 '도면사항 외 별도' 또는 '견적사항 외 별도'라고 표시하는 것이 대표적인 예다. 기구 및 가구류, 가전제품, 도기류, 에어컨 설치 등이 이에 속하며 견적서에 포함했는지를 꼭 확인한다.

건축주 입장에서는 견적서를 여러 시공사에서 받아보고 비교 견적을 내는 것이 도움이 된다. 실시 설계 도면을 주고 견적서를 두세 군데에서 받아보면 어느 업체가 성실하게 견적서를 제출했는지 판단할 수 있다. 견적서를 성실하고 꼼꼼하게 제출한 업체가 시공도 잘한다.

더 합리적이고 세밀하게 공사 단가를 알고 싶다면, 일정 비용을 지불하고 견적서만 전문적으로 산출·분석하는 업체에 의뢰하는 방법을 권장한다. 이 업체를 통해 공내역서를 받아서 활용하면 큰 도움이 된다. 공내역서란 수량과 규격은 기재되어 있고 가격만 공란으로 되어 있는 내역서를 말한다. 즉 통일된 양식 안에서 가격은 각 시공사에서 정하도록 하는 것이다. 비용은 들지만, 건물을 짓는 데 어느 정도의 공사 단가가 적정한지 보다 정확히 알고 싶다면 그만한 가치가 있다.

거듭 얘기하지만 세상에 공짜는 없다. 그러므로 무조건 저가인 시공사를 선택하지 말고, 적정한 단가에 시공 경력과 능력이 있는 시공사를 선택해 제대로 된 건물을 짓는 것이 현명한 판단이다. 시공 경험이 많은 소위 현장소장 출신 시공자가 직영으로 저렴하게 공사를 한다고 하지만 실제 공사비는 별 차이가 없다. 세금 정도는 절약할 수 있겠지만, 이를 마치 본인이 공사비를 절약한 것처럼 포장한다. 이렇게 저가로 공사한 뒤 나중에 하자가 발생해도 시공자는 전화를 안 받으면 그만이다. 결국 건축주가 하자를 다 떠안고 평생 보수하며 살아야 한다. 지금은 보이지 않는 비용이지만 건축주가 훗날 모두 지불해야 한다.

모든 것은 상대적이다. 만약 당신이 수주한 시공사라고 가정해보자. 저가로 수주해 계약서에 도장을 찍었으니 손해를 보더라도 공사 금액에 맞춰 건물을 완공해줄 수 있을까? 완공했다고 해도 과연 제대로 시공을 진행했을까? 이 질문의 답은 분명히 'NO'다. 세상에 이런 시공사는 존재하지도 않고 존재한다고 해도 믿으면 안 된다. 저가 수주를 하는 데는 다 이유가 있다. 저가 수주 시공사 대부분은 일단 계약서에 도장을 찍고 보자는 심산이다. 계약서에 도장을 찍어야 다음 단계로 넘어갈 수 있기 때문이다. 다음 단계가 진행되면 저가 수주에서 손해가 날 것들을 추가하거나 변경하여 비용을 추가함으로써 손해를 만회한다.

"건물을 지으면 10년이 늙는다."는 말이 나오는 첫 번째 이유다. 여기서부터 건축주와 시공사의 치열한 싸움이 시작된다. 건축주는 이 정도 추가 변경은 서비스로 해주길 바라고, 시공사는 추가 변경을 이용해 손실을 만회하려 한다.

어떤 건물이라도 완공 전까지 추가나 변경 없이 공사를 마무리하기는 불가능하다. 이것을 잘 알고 있는 시공사는 저가 수주를 하더라도 눈 하나 깜짝하지 않고 계약서에 도장을 찍는다. 건축주 입장에서는 이 같은 메커니즘을 알고 있어야 훗날 추가 및 변경 공사로 인한 추가 공사비 요구에 혈압을 올리지 않고 유연하게 대처할 수 있다.

시공사와 계약할 때 필요한 건축주의 자세
공사비로 생기는 충돌을 예방하는 법은 계약서를 작성할 때 갈등이 예상되는 부분을 미리 다 집어넣어 기재하는 것이다. 어차피 공사비에는 가능한 만큼의 비용을 모두 포함해야 한다. 어느 회사가 시공하든 공사비가 거의 비슷하다는 것은 이를 두고 하는 말이다. 단지 회사 규모에 따라, 시공 능력에 따라, 회사 이윤에 따라 가격이 조금씩 달라진다. 앞에서 제시한 항목들을 건축주가 명심하고 적당한 비용을 제시하는 시공사를 선택해야 한다.

앞서 설명했듯이 가장 좋은 방법은 건축주가 각 업체별로 전문 업체에 의뢰해 받은 공내역서(74쪽 참고)를 시공사에 제공하고 견적서를 받아 비교 검토하는 것이다. 대부분의 건축주는 공내역서 없이 각 업체별로 견적서를 받았을 때 그것을 비교 검토할 능력이 없다. 공내역서를 제출해 각 입찰 업체로부터 견적서를 받은 다음 판단하면 건축에 무지한 건축주라도 쉽게 비교 검토를 할 수 있다.

시공사가 선정되면 계약서를 면밀하게 작성해 추후 발생할 문제 요소를 미연에 방지한다. 건축주가 경험 많고 노련한 시공사에 대응하는 법은 시공사와 반대 순서로 견적서를 확인하는 것이다. 시공사가 공사를 진행하기 위한 공사견적서를 사전에 작성해 그것을 토대로 공사금액을 결정했다면, 건축주는 사후 공사견적서를 토대로 체크한다.

사후라는 의미는 공사가 진행되면서 견적서의 물량대로 물품이 제대로 입고되었는지를 확인한다는 뜻이다. 시공사와 계약서 도장을 찍기 전에 이렇게 한다는 것을 조건으로 내세우면 된다. 시공사는 산출 견적서대로 시공하는 것이 원칙이고, 산출한 자재 및 인원이 그대로 투입되었는지는 건축주가 확인하면 된다. 아주 단순하면서도 가장 명확하게 공사 금액을 책정하는 방법이다. 산출 견적서대로 진행할 때 수량의 증감이 발생했다면 거기에 맞게 금액을 조정한다.

증가했다면 건축주가 비용을 더 주면 되고, 감소했을 때는 시공사가 비용을 감해주면 된다. 단, 이때 작업 로스(loss)율을 정해서 배려해줘야 한다. 각 작업 공정에 따라 로스율을 인정하는 배려는 반드시 필요하다.

이보다 더 투명하고 명확한 방식은 없다. 견적서의 단가가 비싸니 싸니 하면서 가격에 대해 논쟁할 필요도 없다. 어차피 자재 가격, 인건비는 다 공개되어 있으므로 문제될 것이 없다. 자재 가격이나 인건비를 높게 책정했더라도, 시공사가 견적서에 자재 산출할 때 로스율까지 감안해 넉넉히 산출하기 때문에 모자라는 경우는 거의 없다. 즉 건축주 입장에서는 증액이 되어 추가 비용을 지불할 경우보다 감소로 공제받을 부분이 더 많다.

계약 시 건축주가 이런 조항을 특약으로 요구하면 무리하게 저가를 제시한 시공업체는 반대할 것이 뻔하다. 반면 건전한 시공사는 이 특약 사항을 오히려 반기면서 계약서에 도장을 찍을 것이다. 이런 조건을 받아주지 않는 시공사에 공사를 맡길 필요는 없다.

산출 견적서를 미리 전문 업체에 의뢰해 그것을 토대로 공사를 진행했는데 산출 물량보다 자재나 인원이 적게 투입되었다면 그것은 명백한 부실시공으로 볼 수 있다. 시공사에 문제를 제기해 공사를 중단하고 구조 검토를 한 후 공사를 재개한다.

건축주가 산출 물량의 적절성을 판단하기는 거의 불가능하다. 이런 경우 감리자의 도움을 받아 처리하면 된다. 감리자는 이런 것을 파악하는 일을 담당한다. 내 돈 내고 나를 위해 내 건물을 짓는 것이지, 시공사를 위해 건물을 짓는 것이 아니다. 계약서에 도장을 찍는 순간 갑과 을의 위치가 바뀐다는 것을 잊으면 안 된다. 그러므로 계약서에 도장을 찍기 전에 요구할 수 있는 것은 모두 서류로 작성해야 한다는 점을 반드시 명심하자.

시공계약서 작성하기

도급계약서와
직영계약서

시공사가 선정되면 시공계약서를 작성한다. 계약서는 크게 '도급계약서'와 '직영계약서'로 구분한다. 일반적으로 도급계약을 원칙으로 하며 직영계약은 하지 않는다. 도급계약서를 보면 자재비, 인건비, 일반 관리비, 기업 이윤, 보험료 등 여러 항목을 세부적으로 나열해 청구한다. 하지만 과연 어떤 건축주가 이렇게 세세한 내용이 첨부된 계약서를 변별할 능력이 있을지 의문이다. 대부분 건축주는 견적서의 세부 사항을 분석할 능력이 없다. 그런데 왜 시공사는 그 많은 세부 사항을 견적서에 첨부할까?

답은 간단하다. 도급공사는 말 그대로 한 사람, 즉 시공사에 모든 것을 맡기는 공사다. 도급으로 계약서에 도장을 찍으면 건축주는 총도급 금액만 알면 된다. 총도급 금액으로 건물을 완공해야 할 의무는 계약 당사자인 시공사에 있다. 총도급 금액에 공사비를 맞추려고 세부 사항을 정리하다 보니 복잡한 도급계약서를 내놓을 수밖에 없다.

복잡한 도급계약서의 문제는 시공사가 건축주를 속이기 쉽다는 것이다. 예를 들어 작업자 한 명이 3시간을 들여야 하는 작업이 있다면 그가 3시간만 작업하고 놀지는 않는다. 원래 일이 끝나면 또 다른 일에 투입된다. 그러나 도급계약서 세부 사항에는 3시간 작업에도 하루 일당을 청구하고, 다른 일을 더한 것에도 또 하루 일당을 잡아 이틀치 인건비를 청구한다. 즉 하루에 진행하는 두 일을 각기 다른 작업으로 구분해 정리하는 것이다. 이렇게 세부 사항에 공사비와 인건비가 녹아 들어간 것을 건축주가 식별하기는 거의 불가능하다.

　도급계약서를 작성할 때도 건축주와 시공사 사이에 생각의 차이가 생긴다. 건축주는 도급계약서의 총공사 금액에 의미를 두지만, 시공사는 세부 사항을 항목별로 늘려 총공사비 규모를 올린다. 세부 사항은 시공사에게는 이윤을 더 남기려는 교묘한 수단이고, 건축주에게는 그저 참고 사항에 불과하다. 건축주가 세부 사항을 검토하기란 거의 불가능하지만, 첨부된 항목이 각각 무엇을 의미하는지는 알아둬야 한다.

주의해야 할 계약서 세부 사항

첫째로 조명, 도기, 가구, 에어컨, 온수기, 보일러, 엘리베이터 등 설치될 설비 및 가구들이 세부 사항에 포함되었는지 확인한다. 이 공사비도 만만치 않다. 적으면 5,000만원에서 많으면 1억원까지 소요된다.

　둘째로 인입비를 누가 얼마나 부담하는지의 여부다. 공사하기 전, 후 공사비 이외에 추가로 지불되는 인입비가 있다. 인입비는 시설부담금이라고도 부르며 전기, 하수, 가스, 통신 등 여러 가지가 있다. 특히 인입비 중에서 가장 많은 비용이 추가되는 부분은 하수도 준설 작업비와 사용료다. 주택일 때와 빌딩일 때를 비교해서 증가한 만큼 사용료를 지불해야 하는데, 서울특별시를 기준으로 살펴보면 5층 꼬마빌딩이라도 약 1,000만원 정도의 비용이 든다. 그러므로 인입비가 발생하는 모든 내역을 미리 견적서에 기재해 누가 어디까지 지불할 것인지 명확히 해둬야 한다. 예를 들어 '견적서에 명시하지 않고 추가로 청구되는 인입비는 시공사가 지불한다.'라는 조항을 특약 사항에 기재한다면, 시공사는 한 가지도 빠짐없이 인입비를 기재할 것이고 인입비 문제로 서로 다툴 여지가 없다. 확실히 정리하지 않으면 인입비 명목으로 추가 청구를 해올 때마다 어쩔 수 없이 지불해야 한다. 참고로 하수도·수도·가스 인입 작업은 시공사가 하는 것이 아니라 따로 지자체 등록 업체가 진행한다.

시공사는 되도록 건축주가 이해하기 어렵게 공사 과정을 나열하고 많은 페이지를 첨부해 공사가 복잡하게 진행되는 듯한 압박감을 준다. 그러면서 공사비와 밀접한 관계가 있는 인입비와 인테리어 비용은 나중에 정산하도록 한다. 인입비와 인테리어 비용을 공사비에 첨부하면 총공사비가 상승하므로 다른 업체보다 공사 수주에서 불리해질까 염려해 견적서에서 빼는 경우가 많다.

싼 단가에 목을 매는 건축주들이 이런 일이 일어나는 것을 암묵적으로 용인했다고 볼 수도 있다. 처음부터 인입비 명목을 모두 산정하고 명확

▦ 하수도 인입 작업 과정

① 맨홀을 열고 하수도 안에 공사 시 투입된 준설량을 CCTV로 검사하고 있다. 검사 후 준설량에 따라 비용을 지불해야 한다.

② 건물 내부 하수도관과 외부 하수도관을 잇기 위해 외부 하수도관을 타공하고 있다.

③ 내부 하수도관과 외부 하수도관을 연결하고 있다.

하게 누가 지불할 것인지를 명시해 추후 분쟁의 소지를 없애야 한다.

셋째로는 잔금 지불이다. 잔금을 준공 후 15일 이내 또는 며칠 후에 지불한다는 식으로 기재하지 말고, 준공이 다 끝나고 입주 시 발생하는 하자 보수까지 완료된 후 잔금을 지급하는 것으로 명시해야 좋다. 준공 후 바로 입주할 수 없는 경우도 많다. 준공 검사가 완료되었다는 것은 서류가 통과되었다는 뜻이지 모든 공사가 완료되었다는 것이 아니다. 일반적으로 건축주는 준공 검사가 완료되면 공사가 모두 끝난 것으로 생각해 잔금을 지불하려고 한다. 시공사는 이를 알고 계약서에 '준공 검사 15일 후 잔금 지불'이라는 식으로 기재한다. 일단 기재되면 계약서대로 하자 보수 공사가 끝나기 전에 잔금을 지불해야 한다. 시공사는 잔금만 다 받으면 하자 보수 공사를 제대로 하지 않는 경우가 매우 많다. 받을 돈은 다 받았기 때문이다. 건축주는 시공사를 상대할 중요한 무기로 돈을 활용해야 한다.

마지막으로 모든 계약이 체결되면 모든 권리를 신탁방식(신탁법상 신탁, 민사신탁)으로 신탁회사에 맡겨 추후 발생할지 모르는 법적 다툼에 미리 대비한다. 꼬마빌딩 건축은 규모가 작아 신탁회사에서 의뢰를 거부하는 경우가 대부분이다. 그렇다고 바로 포기하지는 말자. 지인이나 친

추후 문제를 대비해 건축주가 꼭 챙겨야 할 사항

□ 계약금 이행증권
□ 하자 보수 이행증권
□ 시공권포기각서
□ 유치권포기각서
□ 지체상금률 명시
□ 모든 계약이 체결되면 권리를 신탁방식(신탁법상 신탁, 민사신탁)으로 신탁회사 또는 지인에게
　 맡겨 추후 법적 분쟁을 방지한다.

지, 가족에게라도 신탁을 하면 추후 공사 관계로 발생하는 권리 침해를 방지할 수 있다. 신탁 비용은 몇십만원이면 가능하므로 나중에 길고 힘든 법적 공방에 휘말리는 것보다는 약간의 비용으로 갈등을 미연에 방지하는 것이 좋다. 건축에서 생기는 문제들은 해결하기가 힘들지만 예방하기는 상대적으로 쉽다. 내 재산은 내가 지켜야 한다는 것을 명심해야 한다. 만약 법정 투쟁에서 승소하더라도 이익은 전혀 없다. 시간에 대한 비용은 누가 지불해주지 않기 때문이다.

시공사는 심하게 말한다면 공사비를 '요리'하는 전문가이고 프로다. 조그마한 틈만 보여도 그것을 이용해 추가 공사비를 요구하는 데 선수다. 이에 대응하려면 앞서 설명한 것들을 공부하고 예상되는 모든 부분을 계약서에 기재해서 사전에 분쟁을 방지하는 수밖에 없다.

실전 TIP 분쟁을 방지하기 위해 계약서에 기재할 내용

① 건물의 주소, 성명, 명칭을 포함한 제반 사항

② 공사명, 공사 방법, 공사 범위

③ 계약금 및 공사비 집행 내역서

④ 공정표에 따른 공사 기간 및 지연에 대한 규정

⑤ 하자 및 품질에 관한 사항

⑥ 계약 이행증권, 선급금 보증증권 발생 유무(건설공제조합, 서울보증보험 증권으로)

⑦ 인입비 분담 관계, 안전사고에 대한 보험 관계 유무

⑧ 주요 마감 자재의 브랜드

⑨ 설계 도면, 세부 내역서, 시방서 등 공사 관련 시공계획서

⑩ 하자 보수 처리 지연에 따른 규정

⑪ 계약의 특수 사항 등 기재(하도급업체의 유치권포기각서, 시공사의 미필적 고의로 공사 중단 시 시공권 포기 각서 등을 미리 받아놓아야 한다.)

⑫ 설계 변경 또는 추가 공사 시 공사비 지불 방법

⑬ 견적서에 빠져 있어도 설계 도면에 기재되어 있으면 공사 계약에 포함되는 것으로 간주한다.

⑭ 애매한 설계 도면의 해석은 건축가의 의견에 따른다.

⑮ 잔금은 준공이 아닌 입주 기준 15~30일 후에 지급한다.

⑯ 계약 이행증권(총공사비의 10~15%)

　선급금 보증증권(총공사비의 10%)

　하자 보수 이행증권 2년(총공사비의 3%)

　지체상금률(총공사비의 0.3%, 예로, 총공사비가 1억원이면 일일 지체보상금은 30만원)

　대가 지연 이자율(미지급금의 2%)

계약서에 도장 찍기

계약서는 상호 불신에 기반한
제도임을 명심하라

건물을 짓기로 결심한 지 오랜 시간이 지나고 겨우 계약서에 도장을 찍을 차례다. 그러나 계약서 도장을 찍을 때도 함정이 도사리고 있다. 일반적으로 계약서에 도장을 찍을 때는 화기애애한 분위기 속에 서로 덕담을 주고받으며 도장을 찍는다. 이때 자신에게 질문을 던져보자.

'계약서에 도장은 왜 찍는 것일까?'

계약 당시 분위기가 그대로 이어져 완공 때까지 공사가 무사히 마무리된다고 하면 굳이 계약서에 도장을 찍을 필요가 있을까?

다시 한 번 강조하지만 모든 서류는 불신에 기반해서 만들어진다. 건축주는 계약서의 도장을 찍음으로써 추가 공사비에 대한 불안감을 해소하고자 한다. 반대로 시공사 입장에서 계약서는 계약서 이외의 요구에 대해 추가 공사비를 받을 수 있는 근거가 되는 것이다. 여기서부터 엄청난 생각의 차이가 시작된다.

계약서는 건축주와 시공사의 분쟁이 발생할 경우 자신들의 주장을 입증할 최후의 법정용 카드다. 따라서 계약서에 도장을 찍을 때는 법정까지 갈 수 있다는 가능성을 염두하고 꼼꼼히 확인해서 생각할 수 있는 모든 비용까지 특약 사항에 기재해놓아야 한다. 대부분 문제가 발생하는 이유는 서로 자신의 입장에서만 계약서를 이해하기 때문이다.

건축계약서 양식은 건설사나 건축가 단체에서 만든 것으로 중립성이 있는 것처럼 보이지만 건축주 입장보다는 시공사 입장에서 작성된 부분이 더 많다. 따라서 건축주가 요구하는 부분을 계약서 특약 사항에 전부 넣어서 작성해야 한다. 계약서에 무심코 찍은 도장 하나가 건축주를 압박해 불행의 늪으로 빠져들게 할 수 있다는 점을 명심하자.

건축주는 문제를 대비해 꼭 챙겨야 할 사항(99쪽)을 참고해 해당 서류를 빠짐없이 챙겨야 한다. 추후 법정 싸움이 발생했을 때 건축주에게 큰 힘이 되는 것이 바로 이 서류들이다. 그중 신탁 관련 서류는 시공사에게 요구해 받는 것이 아니라 건축주 스스로 할 수 있는 일이므로 꼭 신탁을 해서 재산을 보호받는 것이 좋다.

귀찮고 꺼려진다는 이유로 아무 대비도 하지 않고 있다가 나중에 몇백 배의 비용으로 돌아올지도 모른다. 계속 강조하지만 계약서에 도장을 찍는 순간 건축주와 시공사의 갑을관계가 뒤바뀐다는 사실을 잊지 말자.

건축주가 꼭 알아야 할
실전 꼬마빌딩 시공

시공은
철거공사부터

철거 전 준비 사항

철거공사는 시공의 가장 첫 단계다. 시공 기간을 줄이기 위해 착공 허가 전 설계와 동시에 진행하는 경우가 일반적이다. 그러나 요즘은 착공 허가를 신청하기 전에는 철거 허가를 내주지 않는 지자체가 많다. 철거만 해놓고 시공이 늦어져 흉물로 남거나 우범지대로 변하는 것을 막기 위해서다. 따라서 철거 신청 전 해당 지자체에 문의해 언제 철거가 가능한지 미리 알아봐야 한다. 철거 전 확인해야 할 사항은 다음과 같다.

철거 시작 전 반드시 철거 알림 게시판을 7일 이상 공시한다
각 지자체는 철거하기 전에 주변 거주민들에게 철거 사실을 공시하도록 하고 있다. 철거를 할 때 발생하는 분진, 소음, 교통 정체 등 여러 가지 불편한 점을 미리 공시해 민원을 방지하려는 목적이다.

철거할 때 철거 감리자를 따로 선정한다
시공 감리와 별도로 철거 감리자를 선정해야 철거 허가가 나온다. 철거 감리자는 철거 업체들이 선정해 신청하므로 특별히 신경 쓸 필요는 없다.

철거 지역이 문화재보호구역일 경우 철거 시행 전 문화재청에 해당 지역의 문화재 유무 확인을 신청한다

문화재청에 신청하면 관련 업체가 선정되어 현장 조사를 하기까지 3~6개월 정도의 상당한 시간이 소요된다. 이로 인해 뜻하지 않게 공사 기간이 지연될 수 있으니 미리 준비를 해놓아야 한다. 여유 기간을 두지 않고 신청이 늦어 현장 조사가 지연되면 직접 비용을 들여 현장 조사를 진행한 뒤 제출해야 한다.

석면조사를 실시한 후에 철거공사를 시행한다

철거공사를 할 때 가장 중요한 사항은 산업안전보건법 38조 2항에 의거해 석면조사를 실시하고 나서 철거를 진행해야 한다는 것이다. 석면을 포함한 건축 자재는 현재 생산되지 않지만, 2005년까지는 생산된 기록이 있다. 따라서 산업안전보건법에 따라 석면조사 의무 대상 건물이 정해져 있다. 연면적 $50m^2$ 이상인 건물, 주택 및 부속건축물의 연면적이 $200m^2$ 이상인 건물, 단열재, 보온재, 내화피복재 등의 면적 합계가 $15m^2$ 또는 부피 합계가 $1m^2$ 이상인 건물은 석면조사 의무 대상이다. 즉 2005년 전에 지은 건물들은 모두 조사 의무 대상으로 보면 된다. 이를 위반하면 5,000만원 이하의 과태료가 부과된다.

사고에 대비해 철거 허가 업체에 의뢰하고 보험가입 유무를 확인한다

대개 철거를 그냥 때려 부수는 단순 작업으로 생각한다. 이 때문에 방심해 안전사고가 발생하는 경우가 매우 많다. 철거공사에서 발생하는 사고는 치명적인 인사 사고로 이어질 수 있기 때문에 반드시 관리자의 감독 아래 작업해야 한다. 특히 작업자의 안전모, 안전화, 장갑, 보안경 등 보호 장비는 필수 조건이며 관리자의 통제 아래 작업이 이루어져야 한다.

일반적으로 건물을 보전하기 위한 보강 작업은 중요한 것으로 인식하고 있지만, 건물 철거에 필요한 보강 작업은 비용 등의 이유로 생략하고 소홀히 하는 경우가 있다. 감리자와 상의해 비용이 들어가더라도 필요한 경우 보강 작업을 해서 안전사고를 미연에 방지해야 한다.

철거 업체는 가능하면 시공사에 의뢰한다

비용 절감을 위해 건축주가 직접 철거 업체에 작업을 의뢰하는 경우가 있다. 사고 없이 철거가 마무리되면 좋겠지만, 사고가 발생했는데 업체가 수습하지 못해 낭패를 보는 일도 종종 일어난다. 적은 비용을 아끼려다 전 재산을 잃을 수도 있다. '소탐대실'이라는 말을 명심하자. 비용이 더 들더라도 철거 허가 업체, 특히 보험에 가입된 업체를 선정해 작업하는 것이 안전하다.

더 좋은 방법은 시공사에 철거 작업까지 맡기는 것이다. 철거는 민원 발생 소지가 가장 많은 작업이다. 소음과 분진, 진동으로 인한 민원이 끊임없이 일어난다. 철거 전에 반드시 주변 이웃, 특히 철거 건물과 인접한 이웃에게는 공사 내용을 상세히 설명하며 인사를 해야 한다. 인사를 하며 간단한 선물 공세를 하는 것도 원활한 관계를 만드는 방법 중 하나다.

철거공사는 길어야 일주일이다. 이 일주일 동안 일어나는 일들이 앞으로 진행할 공사가 얼마나 원만히 이루어질지를 결정한다. 건축주가 별도의 업체에 의뢰해 작업하면 비용은 절약할 수 있다. 하지만 철거 업체는 철거만 하고 빠지면 그만이다. 따라서 민원이 발생해도 민원인들과 거칠게 부딪치는 경우가 많다. 철거 업체는 일주일만 버티고 나가면 그만이라는 생각에 비용을 들여가며 민원을 해결할 의지가 없다.

철거 업체가 민원 처리를 소홀히 하면 앞으로 진행할 건물 공사까지 시공사가 계속 민원에 시달릴 가능성이 커진다. 시공사의 애로 사항은 철거 업체의 관심 밖이다. 시공사에 철거를 맡기면 철거 시행 중 주변 이웃들과의 유대 관계에 더욱 신경을 쓴다.

철거 건물의 폐자재를 파악해 철거 비용을 줄인다

모든 폐자재는 폐기 처분을 할 때 비용이 소요되지만, 오히려 돈을 받고 버릴 수 있는 폐자재가 있다. 철근 콘크리트 건물은 철근이 나올 것이고, 오래된 건물이라면 보일러 배관이 동 파이프로 시공되어 있어 동 파이프가 나올 것이고, 창호가 알루미늄이라면 알루미늄이 나온다. 이런 폐자재가 많이 나오면 그만큼 비용을 줄일 수 있다.

전기·가스·수도를 끊어야 철거 작업을 할 수 있다

철거 당일, 전기·가스·수도가 단절되어 있지 않아 철거 작업을 하지 못하는 일이 종종 벌어진다. 전기·가스·수도의 단절은 모두 해당 설비의 전문 업체(지자체에서 관리하는 업체)만 처리할 수 있으므로 미리 의뢰해 놓고 철거 작업 일정을 잡아야 한다. 특히 전기는 한전에 신고하고 계량기 반납을 확인해야 추후 신축 건물의 전기를 쓸 때 한전 불입금을 재차 지불하지 않고 사용할 수 있다. 수도와 전기는 작업할 때 필요한 일부는 남겨놓고 끊어야 한다.

멸실 신고를 잊지 않는다

멸실 신고는 철거 완료 후 30일 이내에 해야 한다. 철거 신고는 철거 작업을 하기 전 자동으로 하는데, 철거 작업 후 멸실 신고는 일을 하다 보면 가끔 놓치는 경우가 있다. 멸실 신고를 잊고 있다가 늦어져 과태료를 내는 일이 없도록 철거 후 바로 멸실 신고를 한다.

철거 과정

먼저 철거공사를 알리는 안내판을 만들어 붙이고 철거공사 신청서를 제출한다. 앞서 말한 것처럼 철거를 시작하기 전 7일 이상 공지하고, 철거 신고를 할 때는 사진을 꼭 첨부한다.

가설 작업을 한 뒤 본격적인 철거를 시작한다. 이후로는 기존 건물의 모습을 영영 볼 수 없다.

철거 작업 과정에서 분진이나 소음 등 주변 이웃에게 피해를 줄 수 있는 요소가 많이 발생한다. 따라서 철거 안내판만 덩그러니 붙이는 것보다는 일일이 찾아가서 이웃이 될 주민들에게 얼굴도 익힐 겸 양해를 구하는 것이 좋다. 귀찮더라도 안면을 트면 나중에 민원이나 다른 분쟁 사항이 생겼을 때를 대비할 수 있다.

다음으로 기존에 사용하던 가스와 전기를 끊고, 앞으로 공사할 때 사용할 전기공사를 해둔다. 동시에 포클레인을 비롯한 중장비를 사용해 철거 작업에서 나오는 폐기물을 옮긴다.

실전 TIP 민원을 예방하자

주위 민원을 해결하는 가장 바람직한 방법은 공사하는 건물의 동서남북 정방향에 있는 이웃 주민 및 해당 지역의 유력 인사와 친분 관계를 유지하는 것이다. 유력 인사는 그 인접지역에 말을 많이 하고 남 일에 간섭을 잘하는 사람을 말한다. 나중에 민원이 일어났을 때 그 사람을 통해서 민원 처리를 하면 한결 쉽게 해결되는 경우가 있다. 대각선으로 마주 보고 있거나 인접하지 않은 이웃 주민은 성향이나 상황에 따라 그때그때 대처하면 된다. 민원이 전혀 발생하지 않는 공사는 없으며, 마찬가지로 모든 주민에게 호의적인 반응을 이끌어내는 것도 불가능에 가깝다. 따라서 공사에 직접적으로 연관이 있거나 도움을 주고받을 수 있는 사람부터 대응하는 것이 효율적이다.

건물의 마지막 모습

#1 가스 밸브를 잠그고, 철거를 알리는 안내판을 만들어 부착했습니다.

#2 철거공사 신청서를 제출하고 착공 서류를 접수했습니다. 이제 가설 작업 후 철거를 시작합니다.

#3 건물 앞에서 한참 공사 안내 간판을 읽고 있는 분은 뒷집 할아버지 아들입니다. 40년을 살면서 이 집을 봐왔는데 철거해서 못 보게 되었다며 아쉬움을 달래고 있네요. 구청에서 가로등 전선도 옮깁니다.

#4 전기를 단전하고 앞으로 공사할 때 쓸 요량으로 전기공사를 합니다. 가스 누설도 함께 점검합니다.

#5 철거 및 폐기물 상차 작업을 진행합니다.

#6 정화조도 걷어냅니다. 정화조가 한 개만 있는 줄 알았는데 옛날에 쓰던 정화조가 나와서 그것까지 걷어냈습니다.

#7 이렇게 건물이 추억 속으로 사라졌습니다. 철거하면서 뒷집 담장이 일부 무너지는 사고가 발생해 추후 보수 공사를 진행해야 합니다.

　　이처럼 공사 중에 인접한 옆집 담장이 무너지는 것은 돌발 사고처럼 보이지만 현장에서는 흔한 일입니다. 왜냐하면 모든 건물은 기초 작업이 되어 있고, 그 기초 위에 담장을 설치했으므로 철거를 하면 기초 작업한 바닥이 자연스럽게 무너지기 때문입니다. 추후에 새로 만들어주겠다고 양해를 구하고 작업을 진행했습니다. 이처럼 철거할 때는 담장을 끼고 있는 옆집에 꼭 사전 양해를 구하고 인사를 해놓는 것이 좋습니다. 사고가 난 후에 양해를 구하면 이런저런 이유를 대며 요구 사항이 많아지기도 합니다. 사진의 경우는 사전 조사 결과 철거할 때 옆집 담장이 무너질 것을 예상하고 사전 대비를 해서 비교적 저렴하게 처리할 수 있었습니다. 이제 철거된 터에 기초공사를 시작합니다.

터파기와 기초공사

건축물을 지지하는 기초를 시공하는 공사를 기초공사라고 하며, 터파기공사도 기초공사 공정에 속한다. 기초 콘크리트 공사를 할 때는 오수 및 하수 배관공사, 전기·통신공사, 정화조공사를 병행한다.

측량

터파기 및 기초공사를 하려면 가장 먼저 한국국토정보공사에 대지경계측량을 신청해야 한다. 경계측량 결과가 나와야 현장 설계를 시작할 수 있고, 이를 허가 도면에 첨부해야 허가를 받을 수 있다. 대지경계측량 신청을 하면 보통 일주일에서 10일 정도 소요되므로 터파기를 하기 전에 미리 신청을 해서 작업에 차질이 없도록 한다.

경계측량은 대지 경계선에 인접한 거주민이나 관계자의 입회 아래 이루어져야 추후 민원 발생에 대비할 수 있다. 인접 주민의 입회 없이 단독으로 경계를 측량하면 나중에 주민이 다시 측량을 요구했을 때 재측량을 해야 한다. 따라서 원활한 진행을 위해 반드시 인접 주민 및 관계자에게 측량 날짜를 미리 통보해 입회를 요청하고, 그들이 참석한 자리에서 측량한다.

경계측량보고서

측량할 때는 주변 상태를 모두 사진으로 남겨 보관하자

인접 거주민의 입회하에 경계측량을 할 때 공사 현장 및 주변 건물의 인접 부분을 모두
사진과 동영상으로 남겨두면 나중에 다양한 상황에서 활용할 수 있다. 예를 들면 자신의
건물에 원래 있던 손상이 공사로 인해 생겼다고 착각해 민원을 접수하는 이웃 주민이
생길 수 있다. 이런 경우 미리 찍어둔 사진이나 동영상이 증거로 큰 도움이 된다.

터파기, 구조 검토,
지내력 검사

터파기

대지경계측량 결과서가 나오면 터파기 작업을 한다. 터파기를 하기 전
건축주는 어려운 결정을 해야 하는데, 바로 지하를 만들 것인지의 여부
다. 1장에서 설명한 꼬마빌딩의 지하층 활용도를 고려한 뒤 신중히 결정
한다.(27쪽 참고)

기초의 지하 동결선 측정

지하를 비롯해 각종 요소들을 점검한 뒤, 지하
동결선까지 터파기를 해 기초공사를 준비한다. 지
하 동결선이란 흙이 어는 층과 얼지 않는 층의 경
계를 말한다. 일반적으로 서울의 지하 동결선은
1,200mm이지만 최근에는 온난화 현상으로 인해
보통 1,000mm로 시공한다.

계절에 따라 흙이 얼고 녹는 것을 반복하면 지
반이 약해질 수 있으므로 기초 콘크리트를 앉힐
때는 동결선 이하의 얼지 않는 땅에 지중 콘크리
트를 타설한다. 그렇지 않으면 땅이 얼었다 녹았
다 하며 기초가 오르내리다 결국 주저앉는다. 기

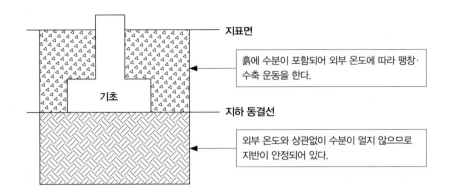

▒ 지하 동결선의 개념

지표면

흙에 수분이 포함되어 외부 온도에 따라 팽창·수축 운동을 한다.

기초

지하 동결선

외부 온도와 상관없이 수분이 얼지 않으므로 지반이 안정되어 있다.

초가 주저앉을 때 지반이 약한 곳은 많이, 단단한 곳은 적게 침하하므로 건물이 붕괴되거나 틀어져 크랙(crack)이 생긴다.

기초 콘크리트의 두께는 건물 하중에 따라 정해진다. 하중이 가벼워 기초 콘크리트의 두께가 동결선보다 위로 올라오는 경우라도, 가능하면 동결선까지 기초 콘크리트를 타설하고 지지기반을 탄탄히 다져 건물의 내구성을 높여야 한다.

구조 검토

건물을 짓기 전 반드시 건물 구조 전문가에게 구조 검토를 거쳐야 한다. 구조 검토란 지내력 검사의 데이터로 건물 하중을 계산해서 건축물이 안정적으로 대지 위에 안착할 수 있도록 구조를 설정하는 작업이다. 구조 검토를 하는 이유는 건물이 지탱할 수 있는 최소한의 값을 측량하고자 하는 데 있다. 즉 그 값 이하로 작업하면 건물이 붕괴할 위험성이 있다는 것이며, 그 값 이상이라면 작업해도 좋다는 뜻이다. 그러나 가끔 시공사가 이를 잘못 이해하는 경우가 있다.

지역별 지하 동결선

단위 : mm

지역	동결선	지역	동결선	지역	동결선	지역	동결선
강릉	703	홍천	1,394	영광	355	밀양	603
서울	1,232	대관령	1,914	구례	382	산청	487
인천	1,038	삼척	431	함평	306	함양	667
울릉도	266	원성	1,173	송추	515	강해	306
추풍령	933	제천	1,288	나주	529	하동	417
포항	517	음성	984	순천	221	삼천포	265
대구	766	충주	983	영암	319	남해	333
전주	750	진천	1,019	장흥	375	안성	883
울산	578	괴산	1,077	해남	208	인제	1365
광주	588	보은	1,154	고흥	347	남원	647
부산	250	영동	891	칠곡	736	장성	500
목포	292	당진	750	울진	347	울주	500
여수	235	아산	850	영주	983	함양	563
수원	1,135	홍성	817	문령	750	이천	1,077
춘천	1,407	유성	883	안동	833	화성	967
청주	1,077	보령	625	상주	641	정읍	574
속초	404	부여	721	청송	1,038	고창	544
서산	750	논산	721	영덕	375	거창	783
군산	444	금산	868	우성	969	합천	588
충무	250	이리	544	선산	750	양평	1,168
대전	800	무주	767	김천	681	임실	883
진주	647	진안	983	영천	647	경주	474
강화	1,000	부안	544	성주	676		

출처 : 국토교통부(2007)

몇몇 시공사는 구조 검토한 값을 근사치로 이해하고 그 값에서 어느 정도 낮아져도 작업이 가능한 것으로 생각한다. 그러나 구조값 이하의 작업은 절대 해서는 안 된다. 이 값 이하로 작업하는 것은 무조건 부실 시공이다.

건축물을 설계한 건축가는 건축물의 구조 검토를 할 수 없으며 법률적으로 구조 검토사가 따로 있다. 건축가가 설계를 한 뒤 구조 검토를 의뢰하면 구조 검토사가 기둥, 보, 슬래브(바닥, 천장 등 구조가 수평인 부분)의 간격과 위치, 철근의 굵기와 양 등을 설정해준다. 최근에는 건물에 반드시 내진 설계를 하도록 법으로 정해져 있어 기초공사가 보다 강화되고 있다.

가끔 건물 하중이 가벼우면 동결선까지 땅을 파지 않고 기초 작업을 하도록 설계하는 경우가 있다. 그러나 건축주는 아무리 건물 하중이 가볍더라도 건축가에게 동결선까지 기초 작업을 요구하는 것이 좋다.

일부 시공사는 시공비를 절약하기 위해 동결선을 무시하고 도면(도면에서 동결선 위로 기초 작업을 하도록 되어 있는 경우)대로만 작업을 진행하는 경우가 있다. 그렇게 지은 건물은 몇 년간 버틸 가능성이 있지만, 지하에서 얼었다 녹았다를 반복하면서 서서히 크랙이 발생하고 비틀어져 건물 자체가 몸살을 앓는다. 그래서 설계할 때 동결선까지 기초공사를 하도록 요구해야 하는 것이다. 시공사는 반드시 도면대로 작업해야 하기 때문에 문제의 발생 소지를 없앨 수 있다.

시공사는 공사하기 편한 대로만 도면을 이해하고 공사하는 경향이 있다. 도면이 시공에 편리하면 도면대로 공사하지만, 도면대로 시공하기 어려울 때는 관례대로 공사한 뒤 그럴듯한 이유를 둘러대는 꼼수를 발휘한다. 아무것도 모르는 건축주는 시공사의 기술에 말려들기 쉽다. 도면에 명시된 그대로 시공하지 않았을 때는 반드시 건축가의 허락을 받도록 계약서 조항에 기재하면 이런 꼼수를 함부로 쓰지 못한다.

지내력 검사

동결선까지 땅을 파고 나면 지내력 검사를 진행한다. 지내력은 지반이 구조물의 압력을 견디는 정도를 말한다. 즉 지내력 검사란 지반이 얼마나 건물 하중을 견딜 수 있는지 측정하는 조사를 말한다. 땅 몇 군데를 임의로 골라 추후 건물이 안착했을 때 땅이 건물 하중을 얼마나 견디는지 검사한다. 지내력 검사를 토대로 구조 검토를 해야 기초공사를 어떻게 작업해야 하는지 결정할 수 있다.

지내력 검사를 하지 않으면 정확한 구조 검토 수치를 알 수 없는데, 시공사에 따라 생략하는 경우도 있다. 건축가 또는 시공사 임의로 구조값을 추정해서 작업을 하기도 한다. 시공사에 설계부터 시공까지 모든 공정을 맡길 경우 비용 절감 문제로 가끔 일어나는 일이다.

터파기를 할 때 정화조를 함께 매립한다. 이때 매립 후 정화조 통 안에 물을 어느 정도 담아야 한다. 가끔 실수로 물을 담아놓지 않아 다음 날 매립한 정화조 통이 상부로 올라오는 경우가 있다. 이를 방지하려면 정화조에 물을 받아 하중을 늘려 지상으로 올라오지 못하게 해야 한다.

정화조에 물 채우기

지내력 검사 결과 이상이 없다면 잡석을 200~300mm 정도 깔아준다. 잡석을 깔고 롤러로 눌러준 다음 비닐을 덮는다. 비닐을 덮어주는 이유는 콘크리트를 타설할 때 지면으로 수분이 빠져나가는 것을 막기 위해서다. 수분이 빠지면 콘크리트를 양생할 때 물기가 부족해 크랙 현상이 생긴다.

실전 TIP 기초에 비닐을 깔자

잡석 위에 깔 비닐은 철물점에서 파는 얇은 비닐을 쓰는 것도 가능하지만, 시골에서 쓰는 농업용 비닐 중에서 0.15T 정도의 두께로 나온 3중 기능성 비닐을 쓰는 것이 좋다. 농업용 비닐은 재생품을 쓰지 않은, 두껍고 인장 강도가 높은 비닐이다. 지면에서 라돈이 올라오는 곳이 많아 이를 방지할 겸 가능한 한 두꺼운 비닐을 까는 것이 좋다. 시공사는 현장 근처 철물점에 두꺼운 비닐이 없으면 비닐을 아예 사용하지 않는다. 비용 때문이라기보다는 시간을 다투며 공사하기 때문에 미리 준비하는 과정을 거치지 않는 것이다. 건축주가 작업 전에 미리 인터넷으로 구입해 현장에 도착하도록 준비해주면 시공사는 그 비닐을 이용해 시공을 한다. 되도록 비싼 비닐 제품을 사용하는 것이 좋지만, 고가의 비닐은 한 롤당 150만원 정도이므로 사용 판단 유무는 건축주의 자금 사정에 따라 판단한다.

버림 콘크리트 작업

터파기와 지내력 검사가 끝났다면 다음 작업은 바닥에 버림 콘크리트를 설치하는 일이다. 버림 콘크리트는 말 그대로 버리기 위해서 콘크리트를 타설하는 것으로, 버린다는 의미는 구조체로 사용하지 않는다는 것이다. 대신 지반 위를 평탄하게 만들어 거푸집을 설치할 수 있게 하고, 먹줄을 놓아 도면대로 표시를 할 수 있게 해준다. 구조체에 있는 콘크리트의 페이스트(접착제의 일종) 같은 성분이 지반으로 흘러 들어가는 것을 방지하는 역할도 한다.

대지에 비닐을 치고, 단열재를 깐 다음 버림 콘크리트를 설치한다. 이때 단열재를 까는 순서는 공사마다 다르다. 단열재를 기초 아래에 먼저 깔아두느냐, 나중에 기초공사가 끝나고 기초 위에 단열재를 까느냐의 차이다. 기초 아래에 단열재를 깔면 단열재가 하중을 많이 받으므로 하중을 적게 받는 작은 주택에만 제한적으로 작업하고, 일반적으로는 후자와 같이 기초 위에 단열재를 깐다.(단, 이 책의 기초 작업에서는 단열재를 기초 아래에 먼저 깔아두었다.)

본격적인 버림 콘크리트 작업을 시작하기 전에 전기 접지를 땅에 묻어 놓아야 한다. 접지선 작업을 하는 가장 큰 이유는 사람과 기계를 보호하기 위해서다. 접지는 전기 전문 업체에서 진행한다. 접지가 끝나면 바닥을 고르고 비닐을 깐 다음, 단열재를 깔고 버림 콘크리트를 타설한다.

▒ 버림 콘크리트 작업 과정

기초공사 작업

건물이 받는 하중을 땅으로 전달하기 위해 땅속에 설치하는 모든 구조물을 기초라고 한다. 이 기초를 이용해 건물 구조물을 지탱할 수 있도록 지면을 튼튼하게 하는 공사를 기초공사라고 한다.

기초공사가 부실하면 지반이 무너지거나 함몰되어 건물이 붕괴되는 대형 사고로 이어진다. 따라서 땅의 기반 상태에 따라 기초공사의 방법이 달라진다.

▥ 기초의 분류

기초	얕은 기초	독립기초
		줄기초
		매트기초
		복합기초
	깊은 기초	말뚝기초
		케이슨기초
		피어기초

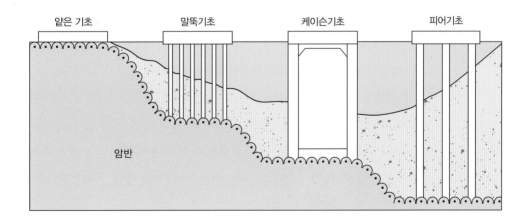

지반이 좋지 않을 때는 지지층까지 말뚝이나 케이슨, 피어를 설치한다. 이 설치물에 따라 종류가 나뉘며 각각 말뚝기초, 케이슨기초, 피어기초라고 부른다. 이 세 기초를 통틀어 깊은 기초라고 한다.

지반이 좋을 때는 별도의 설치물 없이 기반 위에 기초판을 설치한다. 이때는 기초를 설치하는 방식에 따라 독립기초, 줄기초, 매트기초로 나눌 수 있다. 이를 얕은 기초라고 한다.

깊은 기초

깊은 기초 중 말뚝기초는 말 그대로 말뚝으로 구조물을 지지하는 기초다. 튼튼한 지반이 너무 깊숙이 있어서 직접 기초를 구축하는 것이 불가능할 때 말뚝을 이용해서 튼튼한 기반과 기초판을 연결한다. 주로 중량이 큰 건물이나 고층 건물의 기초에 쓰이며 꼬마빌딩에는 거의 사용하지 않는다. 피어기초는 구경이 큰 현장 타설 말뚝기초의 일종으로 지름이 80cm 이상인 기초를 말한다. 피어기초 역시 최근에는 별로 사용하지 않는다. 케이슨기초는 속이 빈 콘크리트 구조물인 케이슨(caisson)을 지반으로 침하시켜 기초를 만드는 것이다.

얕은 기초

독립기초는 기둥마다 일일이 단독으로 기초를 세우는 것을 말한다. 예를 들면 기둥을 각각 올려서 지은 오두막이 독립기초 방식으로 시공한 것이다. 기둥이 있는 곳에만 기초 작업을 하므로 내구성 면에서 약점이 있다.

줄기초는 길게 연속한 콘크리트제의 기초, 벽, 기둥밑 등의 기초를 좁고 길게 연달아 도랑(줄, 띠) 모양으로 파고, 잡석 다짐을 한 위에 기초를 작업하는 공사다. 쉽게 말하면 기둥별로 시공한 독립기초 형태에서 기둥 경계를 따라 쭉 이어서 기초를 만든 것으로, 건물 바닥의 경계면에만 기초 작업을 하는 형태다.

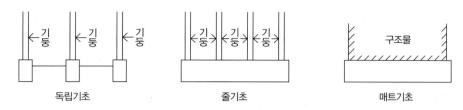

독립기초   줄기초   매트기초

　매트기초는 기둥이나 가장자리 부분뿐 아니라 구조물 바닥 전체 또는 대부분을 한 장의 슬래브(바닥판)로 지지하는 기초공사다. 건물이 무겁고 지내력이 약할 때 주로 사용된다. 최근에는 2층 이상 건물을 지을 때 대부분 매트기초로 시공한다.

방수턱 작업

매트기초는 방수턱을 반드시 시공해야 한다. 방수턱은 필수적으로 해야 하는 두 곳이 있다. 하나는 화장실 부분, 다른 하나는 매트 가장자리에 벽체가 올라가는 부분이다. 그래야 벽체를 타고 내려오는 누수를 차단할 수 있다. 그러나 현장에서는 방수턱이 번거로운 작업이므로 방수턱 대신 수팽창 지수재(물기를 방지하는 제품의 일종)를 넣어서 타설하는 경우가 있다. 물론 이렇게 해도 작업자들이 신경 써서 기밀 시공을 하면 문제가 없지만, 시공이 꼼꼼하게 이루어지지 않는다면 지수재를 사용해도 의미가 없다. 건축주가 직접 시공하지 않는 이상 현장에서 기밀 시공이란 없다고 봐야 한다. 그러므로 처음부터 방수턱을 만들어 타설하면 이런 걱정을 하지 않아도 된다.

　126쪽에 방수턱의 구조를 그림으로 표현했다. 이 방수턱 작업을 해야 추후 벽체가 세워지고 물이 안으로 침투하는 것을 막을 수 있다. 구조체와 구조체가 만나면 미세하게 틈새가 벌어지기 때문에 물이 침투할 수밖에 없다. 물이 침투하는 것을 사전에 방지하기 위한 작업이 방수턱 시

■ 방수턱 시공

■ 기초와 방수턱 구조 예시

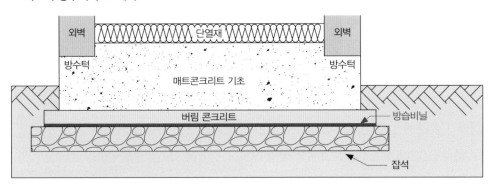

공이다. 화장실은 반대로 화장실 부분을 낮춰 물이 밖으로 나가는 것을
방지한다.

방수턱 작업은 하지 않아도 건물 시공 규정상 부실 여부에 저촉되지는
않는다. 하지만 건축주 입장에서는 누수 문제를 가장 심각하게 생각해야
한다. 나중에 건물을 관리할 때 제일 골치 아픈 부분이 누수 하자다.

시공사는 건물을 완공하고 2년 후면 하자 보증 기간이 대부분 끝난다.
물론 결정적인 시공 하자는 바로 보이지만, 건물을 신축한 뒤 본격적인
하자는 보통 5년 이상 지나야 나타난다.

철근 배근과 콘크리트 타설

철근 배근과 콘크리트 타설은 도면에 기재된 대로 시공한다. 콘크리트를 타설할 때는 강도가 매우 중요하다. 레미콘 회사에서는 주문한 대로 강도를 조절해서 공급한다. 시공할 때 주문한 강도의 콘크리트를 정확히 공급했는지 꼭 확인해야 한다. 참고로 버림 콘크리트의 강도는 180MPa(메가파스칼)이고 기초 콘크리트의 강도는 210MPa이다.

철근 강도도 철근이 입고될 때 꼭 확인한 뒤 작업에 투입해야 한다. 철근 작업이 완료된 후에 강도가 약한 철근으로 작업된 것을 발견해도 이미 작업된 철근을 다시 해체해 작업하는 것은 불가능하다. 예를 들어 하이바(141쪽 참고)를 사용해야 하는데 일반 철근을 사용하는 경우가 여기에 해당한다. 이에 대해 재작업을 지시하면 시공사가 철수할 수도 있는 어려운 문제다. 그러므로 사전에 철저히 확인해 철근 작업을 도면에 표기된 철근으로만 진행해야 한다. 현장에서는 이렇게 세세한 작업 하나하나가 완성되면서 거대한 건물이 올라간다.

실전 TIP **먹줄 작업에는 꼭 참석하자**

건축주는 먹줄을 치는 작업에 꼭 참석해서 기초가 정확히 작업되었는지 확인해야 한다. 특별한 지식은 필요 없고 기초공사 위에 제대로 먹줄을 치는지 보는 것이다. 기초공사를 한 곳에서 먹줄이 벗어나면 큰 문제가 된다. 이 말은 기초 위에 건물을 지을 수 없다는 뜻이기 때문이다.

먹줄이 기초공사 위에 쳐져 있는지, 기초공사를 할 때 기둥 철근이 먹줄로 표시한 위치가 맞는지, 기둥 철근과 내력벽 철근의 위치가 맞는지를 확인하는 것이므로 전문적인 지식은 필요하지 않지만 건물을 건축할 때 굉장히 중요한 작업이다. 작업 자체는 단순하므로 건축주는 꼭 참석해서 확인한다. 건물을 잘 짓고 싶은 건축주라면 반드시 해야 하는 일이다.

지하층 공사

꼬마빌딩일 경우 지하층 공사를 할 때는 주로 흙막이 공법인 H-Pile+토류판 공법과 CIP Wall 공법을 사용해 시공한다. H-Pile+토류판 공법은 지반을 뚫을 수 있는 오거 장비로 천공을 한 후 H형강 등의 말뚝을 박고 굴착에 따라 흙막이 판을 끼워 넣어 토류벽을 형성하는 공법이다. CIP Wall 공법은 마찬가지로 오거 장비로 천공을 한 후 토류벽 중심선상에 철근망 및 H형강 등을 삽입하고 그 안에 콘크리트를 타설해 말뚝을 만든 뒤, 이 말뚝으로 연속적인 토류벽을 형성하는 공법이다.

■ H-Pile+토류판 공법과 CIP Wall 공법

H-Pile + 토류판 공법

CIP Wall 공법

기초공사 시 체크포인트

☐ 지하 동결선까지 땅을 파서 기초공사를 진행한다.

☐ 화장실과 매트 가장자리에 방수턱을 작업한다.

☐ 바닥 기초에 깔 비닐을 공급해주거나 비닐을 미리 준비한다.

☐ 기초 매트가 정확한 치수를 기반으로 작업한다.

☐ 철근이 강도와 굵기에 맞게 입고한다.

☐ 기초공사 후 먹줄을 칠 때 꼭 참석해 기초 작업이 도면대로 되었는지 확인한다.(142쪽 그림 참고)

기초공사가 끝나면

기초공사가 마무리되면 주변 정리 작업과 기초 위에서 구
체적인 건물 위치를 잡는 작업, 접지선 작업(203쪽 참고) 등을 병행한다.
주변 정리 작업은 건물 주변에 하는 하·오수관, 통신 맨홀, 가스 배관 등
의 매설 작업이 대표적이다. 이러한 작업을 나중에 하는 경우도 있지만,
옆 건물이 가까이 있거나 도로가 좁으면 건물이 올라갔을 때 장비가 들
어가서 작업을 할 수 없으므로 미리 해두면 효과적이다.

■ 주변 정리 작업

① 전기·통신 맨홀 매설
② 가스 배관 매설
③ 가스 배관 경고선 설치
④ 하·오수 배관 매설
⑤ 주변 정리 작업

자재승인요청서

건물이 완공된 후 외부 가스 밸브와 사전에 미리 작업해놓은 내부 가스 밸브를 연결한다. 이 모든 작업을 건물 완공 후 진행한다면 좁은 땅을 일일이 삽으로 파야 하므로 나중에 꽤나 번거로운 작업이 된다. 작업을 미리 준비해서 추후 관련된 작업과 매끄럽게 연결하는 시공사가 숙련된 시공 능력을 가진 곳이다.

기초공사 후 공사 현장에서 본격적으로 작업을 하려면 철근, 콘크리트, 합판 등의 자재가 필요하다. 자재를 사용하려면 자재승인요청서를 작성해야 한다. 자재승인요청서란 발주처 또는 감리자에게 계약과 규칙에 맞는 제품을 사용하겠다는 것을 승인받기 위한 문서다. 이 절차 없이 무단으로 자재를 사용하는 일은 없어야 하며 반드시 문서로 작성하고 남겨야 한다.

■ 내외부 가스 밸브를 연결하는 모습(왼쪽)과 추후 작업이 여의치 않은 옆 건물 사이의 좁은 공간(오른쪽)

건물과 명운을 같이할 기초 세우기

#1 터파기를 하기 위해 붉은 선으로 표시하고 기초 터파기를 진행합니다. 바닥 깊이는 동결선인 1,200mm까지 진행합니다.

#2 새 정화조를 미리 자리 잡은 보금자리로 옮깁니다. 자리에 안착하면 건물이 수명을 다해 철거될 때까지 이 자리에서 건물을 지킬 겁니다.

#3 정화조에 호스로 물을 담습니다. 이 물을 담지 않으면 통이 가벼워서 공중으로 뜹니다. 그렇게 되면 작업을 다시 해야 하는 문제가 발생합니다. 물을 담은 정화조를 안착시키고 포클레인이 열심히 터파기를 완료하는 동안 잡석이 도착했습니다.

#4 지내력 검사를 시작합니다. 지내력 검사를 하려면 무게가 나가는 물체가 있어야 하는데 현장에서는 포클레인보다 더 좋은 것이 없습니다. 둥그런 철판을 무거운 포클레인으로 눌러 땅에서 버틸 수 있는지 측정합니다. 땅속에 많이 묻히면 지내력이 약한 겁니다. 참고로 지내력 검사를 하기 위해 별도로 포클레인 비용을 지불할 필요는 없습니다. 포클레인 작업을 할 때에 맞춰 작업용 포클레인으로 지내력 검사를 하면 비용을 절감할 수 있습니다. 아울러 지내력 검사도 포클레인이 작업하는 날짜에 맞춰 의뢰하면 일석이조로 비용을 줄일 수 있습니다.

#4-1 포클레인을 들어 올리고 나서 압을 주고 있습니다. 둥근 시계 모양처럼 생긴 것이 게이지입니다. 검사자가 10분 동안 게이지가 변하는 모습을 체크하고 있습니다.

#4-2 다행히 지내력 검사 결과 60톤도 더 들 수 있는 땅으로 판단됩니다. 이 건물에 필요한 지내력은 20톤인데 그것보다 3배나 힘이 셉니다. 지내력 검사 결과 이상이 없으므로 본격적인 기초공사 작업을 시작합니다.

#5 바닥 버림 콘크리트를 칩니다. 그다음으로 바닥에 비닐을 두 겹 치고 단열재를 깝니다. 그 전에 꼭 전기 접지를 땅에 묻어야 합니다. 접지선 작업을 하는 가장 큰 이유는 사람과 기계를 보호하기 위해서입니다.

#6 이제 레미콘 차로 콘크리트를 타설합니다. 그러나 레미콘 배차가 쉽지 않습니다. 타설 시간은 한 시간도 안 걸렸는데, 레미콘 차를 기다리는 데만 두 시간이 걸렸습니다. 콘크리트를 타설할 때는 늘 배차를 신경 써야 합니다.

#7 철근, 레미콘 등의 자재승인도 함께 진행합니다.

#8 유로폼과 비계(아시바)가 도착해 형틀 목수들이 유로폼을 쌓습니다. 참고로 이번 매트기초 작업에 들어갈 콘크리트 양은 레미콘 차로 약 15~16대 정도입니다. 이때 주위가 혼잡해지기 때문에 미리 교통 통제를 준비해야 합니다.

#9 철근 배근하는 모습입니다. 자에 청테이프로 표시한 지하 동결선 깊이 (1,200mm)만큼 판 기초에 철근을 배근합니다.

#10 배관 작업도 함께 진행합니다. 전선 배관, 통신 배관, 화장실 배관을 설치합니다.

#11 방수턱 작업도 빼놓을 수 없습니다.

#12 1대로 시작한 레미콘이 어느덧 시간이 지나 16대까지 타설을 진행했습니다. 예상 레미콘이 16대였는데 다 타설하고 나니 2루베 정도 모자라서 다시 1대를 더 불렀습니다. 원래 물량 맞추는 건 누구도 예측할 수 없습니다. 적어도 안 되고 남아도 안 되는 게 레미콘 물량이기 때문에 항상 조심스럽습니다.

#13 기초공사가 마무리됩니다. 엘리베이터, 화장실, 계단 등의 기초 형태가 잡혔습니다.

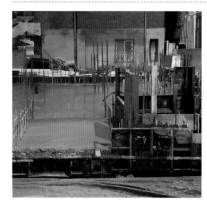 

#14 공사 후 표면이 건조되는 것을 막기 위해 살수 작업은 필수입니다. 특히 여름철이라면 꼭 빠뜨리지 말고 해야 합니다. 콘크리트 양생을 할 때 수분이 부족하면 크랙 현상이 나타나므로 미연에 방지해야 합니다.

골조공사

골조공사 기초 지식

골조공사는 건물의 철근 콘크리트 구조(RC. Reinforced Concrete)를 만드는 공사다. 철근 콘크리트 구조란 콘크리트의 압축에 견디는 힘(압축 강도)과 철근의 인장력에 견디는 힘(인장 강도)을 이용하는 복합재료 구조체를 말한다.

철근과 콘크리트, 두 재료는 서로 온도의 변화에 따라 늘어나고 줄어드는 선팽창계수가 비슷해 화학적으로 일체화하기 쉽다. 다시 말해, 철근 콘크리트 구조는 철근과 콘크리트의 장점과 단점을 서로 보강·결합한 하나의 복합구조체라고 할 수 있다. 학창시절 미술 시간에 찰흙 조각상을 만들어본 적이 있을 것이다. 철사로 뼈대를 만들고 거기에 찰흙을 덧붙이면, 철사의 인장 강도와 찰흙의 압축 강도가 결합되어 조각상이 만들어지는 것과 같은 이치다.

정리하면, 콘크리트는 누르는 힘(압축력)에 강하고 철근은 당기는 힘(인장력)에 강하다. 이 특성을 이용해 인장력이 강하게 작용하는 부분인 기초, 기둥, 보, 벽, 바닥 슬래브 등에 철근을 배근하는 것이 골조공사다.

철근 배근은 콘크리트 보강에 필요한 철근의 정착 길이와 이음 길이를 확보해 콘크리트와 잘 부착되도록 철근을 설치하는 작업이다. 콘크리트 타설은 배근한 철근을 중심으로 콘크리트를 고르게 부어 굳혀서 구조체를 견고하게 만드는 일이다. 건물의 내구성은 철근 콘크리트 구조체가 좌우한다. 따라서 건축에서는 철근 배근과 콘크리트 타설을 정확하게 시공하는 것이 무엇보다 중요하다. 특히 철근을 배근할 때는 시공자는 물론 건축주나 감독관도 철저하게 지시, 감독해야 한다.

철근의 종류

콘크리트에 쓰는 보강근에는 원형 철근과 이형 철근이 있다. 원형 철근은 표면에 마디가 없고 이형 철근은 표면에 마디와 리브(rib)가 있다.

이형 철근은 원형 철근에 비해 콘크리트와의 부착력이 높고 콘크리트에 균열이 생길 때 균열 폭이 작다는 장점이 있다. 일반적으로 주철근에는 원형 철근을 쓰지 않고 이형 철근을 쓴다.

철근의 강도에 따라서는 일반 철근, 고장력 철근, 초고장력 철근으로 구분한다. 고장력 철근(SD400)은 숫자 4 또는 기호 **로 표기하며 초고장력 철근(SD500)은 숫자 5 또는 기호 ***으로 표기한다. 가장 많이 사용하는 철근은 고장력 철근이다. 단, 평당 공사비가 싼 시공사 중에서는 저렴한 중국산 철근을 사용하는 경우도 있다. 그러므로 철근이 입고되면

▥ **원형 철근과 이형 철근**

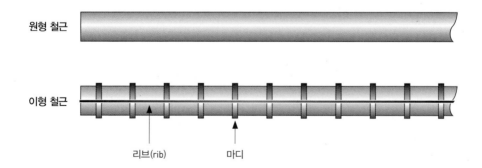

원형 철근

이형 철근

리브(rib)　　마디

철근 검사는 필수다. 만약 시간이 없어 검사를 하지 못 했다면 입고 송장이라도 꼭 검토해야 한다.

이 중 고장력 이형 철근(SD400)을 흔히 하이바(High Tensile Bar)라고 부른다. 하이바는 탄소강에 소량의 니켈, 망간, 규소 등을 첨가해 만든 것으로, 특수강을 재료로 한 고강도 철근이다. 하이바는 일반 철근보다 인장력이 강하므로 반드시 이 인장력에 맞도록 강도가 높은 콘크리트를 사용해야 한다.

철근 보는 법

철근에는 1.5m 간격으로 숫자, 기호와 함께 제조국과 제조사, 강종이 명시되어 있다. 불량 철근이나 품질을 위장한 철근이 사용되는 것을 방지하려는 목적이다.

가장 처음에 쓰인 알파벳은 원산지를 나타낸다. K는 대한민국(Korea), J는 일본(Japan), C는 중국(China)인 식이다.

그 다음 알파벳은 제조사를 나타낸다. 우리나라의 대형 제강회사로는 HK(한국철강), HS(현대제철), DK(동국제강), YK(YK철강), DH(대한제강) 등이 있다. 다음에 쓰인 숫자는 철근의 지름을 나타내며, 마지막 각인 또는 숫자는 철근의 강도를 나타낸다.

▥ **철근 식별법과 마킹 방법**

일반 철근(SD300) : 각인 없음
고장력 철근(하이바, SD400) : **
초고장력 철근(SD500) : ***

제조국 제조사 지름 강종

건축주가 철근에 관해 잘 알아야 하는 이유

하이바는 주로 인장력이 많이 필요한 슬래브에 사용하는 철근이다. 설계 도면에는 기둥, 슬래브나 보 등 힘을 크게 받는 부위에 하이바(고장력 철근)를 사용하도록 명시가 된 경우가 많은데, 시공사들이 하이바 대신 일반 철근으로 작업하는 경우가 있다. 더불어 철근 검사에서는 분명 국산이었는데, 작업은 중국산 철근으로 시행하는 경우도 있다. 일단 검사는 국산으로 받고, 실제 작업은 중국산을 섞어 작업하는 사례다. 이런 일은 비일비재하다. 콘크리트 타설을 하고 나면 알 방법이 없을 뿐 아니라, 건축주가 감독을 하더라도 하이바에 관해서는 잘 모른 채 철근 굵기만 보기 때문이다.

　최근에는 내진 설계가 중요해 기둥 같은 중요한 부위에는 반드시 하이바를 사용해 작업하도록 구조 검토하는 추세다. 그러므로 기둥 철근을 배근할 때 하이바를 쓰는지 철저히 감독해야 한다. 굵기가 같다고 다 똑같은 철근이 아니다.

한눈에 보는 골조공사 진행 순서

1. 바닥에 먹줄을 놓고 기초 작업을 한다.

2. 유로폼으로 벽체를 세운다.

3. 외단열인 경우 유로폼으로 세운 벽체에 단열재를 부착한다.

4. 벽체 거푸집이 완성되면 도면에 기재된 대로 철근을 세운다.

5. 벽체 철근 배근과 함께 전기 배선 작업도 병행한다.

6. 철근을 세우고 다시 유로폼으로 내부 벽체를 세운다.

7. 내부 벽체가 세워지면 목수들이 보와 바닥 슬래브를 작업한다.

8. 바닥과 보에 철근을 배근한다.

9. 전기와 하수도, 수도 배관 작업을 병행한다.

10. 계단 작업도 함께 이루어진다.

11. 철근 배근이 끝나면 동바리를 설치한다.(151쪽 참고)

12. 동바리까지 설치하고 철근 배근 작업이 마무리되면 콘크리트를 타설한다.

13. 콘크리트를 타설한 다음 날은 꼭 살수 작업을 해서 양생이 잘 이루어지도록 한다.

과정별로 알아보는
골조공사 요점

골조공사에서 명심할 것은 밀대를 30분 작업하면 건물이 30년 더 건강해진다는 사실이다.

골조를 이루는 철근 콘크리트는 ① 형틀 목수가 거푸집을 짜고, ② 거푸집 안에 철근 작업자가 철근을 배근한 뒤 ③ 콘크리트 타설을 하는 순서로 만들어진다. 이 작업이 층을 올리면서 공사 초반부터 후반부까지 계속 반복된다. 골조 작업을 하는 동시에 거푸집과 배근한 철근 사이로 전기, 상하수도, 기타 설비 등을 각 분야의 전문 작업자들과 함께 설치하므로 협업 능력이 필수적으로 요구된다. 간혹 협업이 원활하게 이루어지지 않아 공사가 지연되거나 중단되는 경우가 있다. 철근이나 형틀 작업자들은 하청 업체 소속이 대부분이므로 시간이 곧 돈이다. 따라서 어떻게든 하루에 할당된 작업량을 끝내야 손해를 보지 않는다. 이 때문에 시간이 부족하면 한 공정이라도 줄이려고 하는 관성이 있다. 시간이 좀 걸리더라도 제대로 된 시공을 원하는 건축주의 입장과는 완전히 다르다. 이로 인해 작업 진행에 차질이 생기는 경우가 있으므로 인력을 잘 관리하는 것이 중요하다. 이러한 점을 유의하면서 골조공사의 각 과정별로 구체적인 작업과 주의점을 알아보자.

실전 TIP 목수들의 시공 능력과 계단 작업

목수들의 시공 능력은 인건비를 보면 바로 판단할 수 있다. 당연히 고단가의 숙련공이 작업하는 것이 품질도 좋지만, 시공사는 원가 절감을 위해 시공 능력이 뛰어난 고단가 목수를 투입하는 데 인색하다. 목수 고용은 시공사의 선택이지만, 시공 설계는 건축주의 권한이므로 우수한 품질을 원한다면 모든 시공 설계를 세밀하게 제공해서 숙련공이 투입될 수 있도록 시공해야 한다.

참고로 형틀 목수가 하는 작업 중 가장 어렵고 숙련도에 따라 완성도가 크게 좌우되는 분야가 계단이다. 작업 상태를 보면 형틀 목수의 시공 능력을 판단할 수 있을 정도로 계단 작업은 매우 까다롭다. 따라서 설계를 할 때 꼭 계단 시공 도면을 첨부해 작업에 차질이 없도록 미리 협조하는 것이 좋다.

거푸집 만들기

거푸집은 콘크리트를 타설하기 위해 만드는 임시 구조물이다. 거푸집에 철근을 배근하고, 공법에 따라 단열재를 설치한 후, 거푸집 안으로 콘크리트를 타설한다. 거푸집은 합판, 유로폼, 동바리(support. 하중을 버틸 수 있도록 일시적으로 설치하는 기둥)를 이용해 작업한다.

합판은 주로 계단, 슬래브, 보의 거푸집을 만들 때 쓰며, 유로폼은 형틀 작업에 가장 많이 사용한다. 유로폼 길이는 1,200mm이며 폭은 250mm

부터 600mm까지 다양하다. 건물 길이나 높이에 따라 적당한 유로폼을 골라 작업한다.

유로폼 사이즈와 건물 층고를 맞추는 것은 공사비 절감에 중요한 요소다. 유로폼 사이즈와 건물 층고가 일치한다면 유로폼을 따로 자르거나 불필요한 자재 추가를 막을 수 있어 공사비가 크게 절감된다. 예를 들어 층고가 2,400mm라면 1,200mm짜리 유로폼 두 개로 정확히 형틀을 만들 수 있지만, 만약 층고가 3,100mm라면 유로폼을 자르거나 추가해 맞춰야 하므로 그만큼 비용이 늘어난다.

요즘은 외부나 내부를 노출 콘크리트로 마감하는 경우가 많다. 노출 콘크리트로 마감할 때는 유로폼이나 합판의 질이 좋아야 한다. 일반적인 공사라면 재사용 유로폼도 많이 사용하지만, 노출 콘크리트 마감에서는 한 번도 사용하지 않은 새 제품을 사용해야 한다. 합판도 노출 콘크리트용 고품질 합판을 따로 사용한다.

▦ **유로폼 규격**

가로(A) \ 세로(B)	900mm	1,200mm	1,500mm	1,800mm
150mm	7.8kg	9.6kg	12.0kg	13.7kg
200mm	8.7kg	11.1kg	12.8kg	15.5kg
250mm	9.6kg	11.9kg	14.6kg	16.5kg
300mm	10.1kg	12.8kg	16.0kg	17.4kg
350mm	11.0kg	13.7kg	17.0kg	19.2kg
400mm	11.9kg	14.6kg	17.78kg	21.0kg
450mm	12.4kg	15.5kg	18.7kg	22.3kg
500mm	13.3kg	16.9kg	20.1kg	24.0kg
550mm	14.2kg	18.3kg	22.0kg	26.0kg
600mm	14.6kg	19.0kg	23.0kg	28.0kg

특히 거푸집 작업을 할 때는 유로폼의 오와 열을 정확히 맞춰 작업해야 하므로 로스율이 높고 재사용률이 적다. 따라서 자재 비용은 약 10~20% 정도 상승한다. 유로폼 또는 합판으로 거푸집을 완성하면 이를 동바리로 받쳐준다. 여기서 주의할 점은 동바리의 간격이다. 동바리 간격을 설계 도면에 정확하게 표기해야 나중에 콘크리트 양생을 할 때 차질이 없다.

▦ **거푸집의 구조**

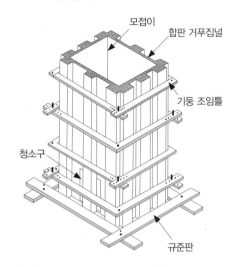

실전 TIP **거푸집의 탈형 시기를 명시해놓자**

콘크리트 타설이 끝나고 바로 다음 날 거푸집을 해체하는 것은 이제 통상적인 작업 공정처럼 자리 잡았다. 왜냐하면 시공사 대부분은 자재를 빠르게 재사용하기 위해 서둘러 거푸집을 해체하고 탈형하려고 하기 때문이다. 그러나 급하게 탈형하면 콘크리트 양생이 부실해질 가능성이 높으므로 이때를 대비해 설계 도면에 미리 탈형 시기를 기재해두는 것이 좋다.

▦ **유로폼(왼쪽)과 노출용 합판(오른쪽)**

철근 배근

기둥이나 보, 슬래브에는 하이바(HD)를 사용하지만 이음길, 벤트, 보, 늑근, 마구리, 앵커 작업 등의 철근 배근은 작업자에 따라 가지각색이다. 단, 기본적인 철근 배근 방법은 도면에 표시되어 있다. 예를 들어 도면에 'HD19mm@200'이라고 표시되어 있다면 HD는 하이바(고장력 철근 SD400), 19mm는 철근 굵기, @200은 간격 200mm를 뜻한다. 즉 19mm짜리 하이바로 200mm 간격을 주면서 작업을 하라는 말이다. 이처럼 주어진 도면대로 작업해야 하지만, 앞서 말한 것처럼 작업자가 시간에 쫓기고 능률이 좀처럼 나지 않으면 도면대로 작업하지 않는 경우가 생긴다. 특히 창문 주위의 철근 앵커(정착) 작업이나 마구리(자재의 끝단면) 부분의 앵커와 결책하는 작업은 부실시공이 잘 나타나는 곳이므로 관리 감독을 철저히 해서 부실시공을 사전에 방지해야 한다.

▓ **철근 배근 작업**

대들보에 철근을 배근했다.

기둥과 내력벽에 철근을 배근하고 있다.

바닥 슬래브와 보에 철근 배근한 것을 사진으로 찍어 감리자에게 보고한다.

내력벽체의 철근을 배근하면서 관리자의 작업 지시를 듣고 있다.

층고가 높은 내력벽체는 이렇게 보조 사다리를 이용해서 철근 배근을 한다.

철근 배근할 때 주의할 점

아래 사진은 철근 배근을 잘못한 모습이다. 창틀 위에 철근을 배근할 때는 L형 갈고리 작업을 해야 하는데 L형 갈고리 작업 없이 그냥 작업했다. L형 갈고리 작업이란 철근 끝부분을 L자로 휜 다음 작업하는 것을 말한다. 그 아래 사진은 관리자의 지적으로 L형 갈고리 작업을 해서 철근 배근을 다시 한 것이다.

L형 갈고리 작업을 해서 철근 배근하는 것과 그냥 철근을 꽂아서 배근하는 것이 별 차이 없다고 생각할지 모르지만, 철근의 강점인 인장력을 높이려면 반드시 상부 철근에는 L형 갈고리 작업 후 배근해야 견고한 건축물을 지을 수 있다. L형 갈고리 작업을 하지 않으면 철근이 힘을 받지 못해 부실시공이 될 가능성이 높아진다.

일반적으로는 내력벽체를 시공할 때 철근 배근을 1층부터 이어오다가, 창문이나 문에 설치하는 창틀 부분에서 철근 배근이 한 번 끊기고, 다시 창틀 위에서 철근 배근을 시작한다. 즉 철근 배근이 끊임없이 이어지는 것이 아니기 때문에, 해당 부분의 철근에 L형 갈고리 작업을 해서 철근이 콘크리트에 제대로 묻히도록 만든 다음 다시 내력벽체를 만들면서 철근 배근을 해야 한다. 이 방법이 시방서에 나온 정석적인 시공법이다. 그러나 현장에서는 시간 문제 또는 단순한 부주의로 L형 갈고리 작업을 하지 않고 철근을 땅에 꽂듯이 작업하곤 한다.

사소한 부분일수록 더욱 철저히 작업해야 하는데, 철근 작업자가 이를 모른 척 슬쩍 넘어가는 경우가 많다. 일단 콘크리트를 타설하고 철근이 묻히면 L형 갈고리 작업을 했는지 알 수가 없다. 견

L형 갈고리 작업을 하지 않은 철근(위)
과 L형 갈고리 작업을 한 철근(아래)

고하고 질 높은 건물을 지으려면 작은 것도 하나하나 철저하게 시공해야 한다. 특히 싼 단가로 계약한 시공사가 이런 작업에서 비용을 절감하기 위해 의도적으로 빼먹는 경우가 많다.

오른쪽 사진은 다른 부실시공의 사례다. 전기관은 항상 상부 철근과 하부 철근 사이에 설치해야 하며, 하부 철근 밑으로 전기관을 설치하면 안 된다. 만약 하부 철근 밑으로 전기관을 설치했다면 다시 작업해서 상부 철근과 하부 철근 사이로 전기관을 삽입한다.

참고로 철근이 많이 들어간다고 무조건 건물이 견고해지는 것은 아니다. 콘크리트와의 적당한 접착력과 응집력이 없으면 오히려 강도가 떨어진다. 철근 배근만 잘해도 건물 내구성에는 문제가 없지만, 현장에서는 부실시공이 자주 벌어지곤 한다.

하부 철근 밑으로 설치된 전기관(위)과 상부·하부 철근 사이에 설치된 전기관 (아래)

▥ 바람직한 철근 이음 작업

① 바람직한 철근 배근 방식

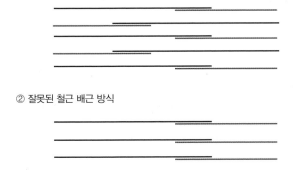

② 잘못된 철근 배근 방식

잘못된 철근 배근 예시

이와 같이 철근 배근은 관리자의 세세한 감독이 필요한 작업이다. 잘못된 작업을 즉시 바로잡지 않은 채 콘크리트 타설을 하면 나중에 잘못된 것을 알아낼 수 없고, 알더라도 수정이 불가능하다. 시공 단계에서 철저히 감독해 부실시공을 막는 방법밖에 없다.

___
실전 TIP 철근 부실시공 체크하는 법

철근 작업자의 부실시공은 일단 타설하고 나면 알 수가 없다. 그러므로 기둥과 벽체의 거푸집을 덮고 콘크리트를 타설하기 전에 철근 배근을 꼭 검사해야 한다. 철근 배근 작업은 콘크리트 타설 작업을 할 때마다 하루에서 이틀 정도 이루어진다. 철근을 배근할 때는 현장에 상주하면서 계속 검사해 잘못된 시공을 지적하고 바로 수정할 수 있도록 감독하는 것이 가장 좋다. 철근 배근이 도면대로 시공되고 있는지 꼼꼼히 챙기면 추후 콘크리트 타설 후 크랙이 생기는 것을 최소화할 수 있다.

부실시공의 한 예를 들어보자. 슬래브 장축 철근 배근 작업을 할 때 철근의 최대 길이는 8m다. 건물 슬래브 길이가 13m라 가정하면 철근 배근은 8m짜리와 5m짜리 두 철근을 이음해 작업해야 한다. 여기서 중요한 점은 이음을 한쪽으로만 주고 배근하면 안 된다는 것이다. 즉 지그재그로 이음(엇배근)을 해서 배근을 해야 하는데, 현장에서는 이 작업이 번거로워 한 방향으로만 이음을 주고 작업하는 경우가 많다.(155쪽 아래 그림 참고)

철근 피복 시공

철근 배근 못지않게 중요한 작업이 피복 두께를 제대로 시공하는 것이다. 피복 두께란 철근을 보호하기 위해 감싸는 콘크리트의 두께를 말한다. 이 작업의 목적은 내구성 확보, 내화성 및 부착성 강화, 녹 방지(방청), 콘크리트의 유동성 확보 등이다. 피복 두께를 확보하기 위해 벽체 스페이서(spacer)와 바탕용 스패너라는 부속 자재를 사용한다.

각 부분의 피복 두께는 슬래브 20~30mm, 바닥 50~60mm, 벽 20~

■ 철근 피복

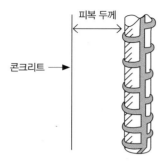

■ 스페이서

■ 벽체와 바닥에 스페이서를 작업한 모습

■ 피복 두께

종류			피복 두께
수중에 타설하는 콘크리트			100mm
흙속에 묻히는 콘크리트			80mm
바깥 공기에 직접 노출되는 콘크리트	D(강도)29 이상		60mm
	D25 이하		50mm
	D16 이하		40mm
바깥 공기에 직접 노출되지 않는 콘크리트	슬래브, 벽체	D35 초과	40mm
		D16 이하	20mm
	보, 기둥		40mm
	셸, 절판부재		20mm

30mm, 기초 70~80mm이다. 상황에 따라 변경될 수 있으므로 도면에 명시한 대로 작업하면 된다.

콘크리트 타설

레미콘은 미리 혼합된 콘크리트(ready mixed concrete)를 줄여 부르는 말이다. 레미콘 1대당 6루베(6m³)가 운반되며 규격은 굵은 골재 최대차수-강도-슬럼프 순서로 표시한다. 예를 들어 25-24-120으로 표시되어 있다면 굵은 골재 최대차수가 25mm, 강도가 24, 슬럼프가 120mm라는 뜻이다.

각 용어가 무엇을 뜻하는지 알아보자. 루베는 부피의 단위로 1루베는 1m³이다. 골재 굵기란 자갈 굵기를 말하며, 굵은 골재 최대차수가 25mm라는 말은 최대 25mm 이하의 자갈이 들어갔다는 뜻이다. 슬럼프는 반죽의 질기를 나타내는 것으로 콘크리트가 흘러내리는 속도를 말한다. 계단 작업을 할 때는 반죽을 되게 하고, 벽을 작업할 경우는 질게 한다. 이 작업을 원활히 하려고 사용하는 단위가 슬럼프인 것이다. 슬럼프 숫자가 클수록 질기가 높아 콘크리트가 잘 흘러내린다.

레미콘 송장

콘크리트 타설 작업을 할 때는 거푸집이 붕괴하지 않도록 신경 써야 하며, 콘크리트를 운반하는 레미콘 차의 배차 간격도 잘 조정해야 한다. 배차 간격이 길어지면 나중에 콜드 조인트 라인(먼저 타설된 콘크리트가 경화한 뒤 이어 부을 때 생기는 이음)이 발생하는 문제가 생긴다.

타설할 때 콘크리트 슬럼프(콘크리트의 질기)는 하절기에 150mm, 봄과 가을에 120mm, 계단은 80mm 정도로 시공한다. 강도는 버림은 180MPa, 일반은 210MPa, 내진은 240MPa로 한다. 레미콘 회사에 주문할 때 설계 도면대로 요청하면 그에 적합한 콘크리트를 보내준다. 레미콘 차가 도착하면 송장을 제출한다. 송장에는 골조 굵기, 슬럼프, 강도, 출발 시간까지 모두 적혀 있다.

레미콘 배차의 중요성

콘크리트 타설에서 가장 중요한 것이 배차 시간 간격이다. 레미콘 차가 한 번 타설한 뒤 1시간 이상 지체하면 안 된다. 그러나 레미콘의 배차 간격을 줄이기가 쉽지는 않다. 현장은 모두 비슷비슷한 일정으로 작업이 진행되기 때문이다. 금요일이나 토요일에 타설한 뒤 일요일 하루 양생하고 월요일부터 다시 작업을 시작하는 스케줄은 모든 건축 현장에서 선호한다.

모든 현장의 일정이 비슷하다 보니 금요일이나 토요일에 레미콘 배차를 받으려면 어쩔 수 없이 주변의 여러 현장과 경쟁할 수밖에 없다. 경쟁은 물량으로 결정된다. 즉 레미콘 차량 주문 수량이 많으면 배차 작업도

▨ 콜드 조인트 라인으로 인해 발생하는 부실시공 사례

실전 TIP **조인트 라인 발생을 막는 법**

콘크리트 타설 시 작업 지시서를 만들어서 타설공과 사전에 미리 협의하면 배차 간격으로 인한 콜드 조인트 라인을 줄일 수 있다. 레미콘 물량은 한 차에 6루베이므로 물량에 따라 타설 위치를 조절한다.

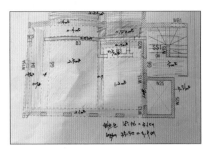

작업 지시서 예시

원활하게 진행된다. 당연히 규모가 작은 공사장은 수량에서 밀려 배차를 제대로 받기 힘들다.

이전에 타설한 콘크리트와 다음에 타설한 콘크리트가 잘 섞여 양생이 제대로 이루어져야 하는데, 시간 간격이 벌어지면서 먼저 타설한 콘크리트가 이미 양생이 되어 있으면 나중에 타설한 콘크리트와 섞이지 않는 현상이 나타난다. 이때 조인트 라인이 생긴다고 말하며 콘크리트 타설 단계에서 종종 볼 수 있는 부실시공의 대표적 사례다.

레미콘 배차 간격의 문제는 시공사의 직접적인 과실은 아니다. 시공사도 여건상 어쩔 수 없었다고 말할 것이다. 그러나 이 또한 엄연히 부실시공의 일부다. 이를 방지하려면 어쩔 수 없이 단가가 비싼 레미콘 차로 배차를 해야 한다. 결국 돈으로 해결하는 것이 가장 빠르다. 다른 업체보다 돈을 더 주고 배차 간격을 줄일 수 있도록 레미콘 영업사원과 접촉해야 한다.

참고로 콘크리트 바닥 슬래브는 두껍게 타설할수록 건물의 내구성이 높아진다. 이 두께는 기본적으로 도면에 명시되어 있지만, 현장에서는 작업자의 재량으로 10~20mm 정도 달라질 수 있다. 타설 작업자를 직접 챙기면서 관심을 보일 때와 그렇지 않을 때 이 차이가 생기므로 되도록 두껍게 타설하도록 독려해 건물의 내구성을 높이는 것이 좋다.

골조공사에서의
돌발 상황과 문제 대처

골조공사에서 가장 흔히 발생하는 문제는 각 공정별 작업자들과의 협업이다. 형틀 목수, 철근·설비·전기 작업자들이 현장에서 서로 충돌하는 경우가 잦다. 심하면 큰 다툼으로 번져 작업이 중단될 때도 있다. 모든 작업은 체계적인 순서로 진행되어야 하는데, 각 작업자들의 사정과 시간에 따라 순서가 바뀌면서 문제가 발생하고, 이해관계가 얽혀 충돌하는 것이다.

예를 들면 목수 및 철근 작업이 다 된 상태인데 그 전에 끝났어야 하는 전기 배전반 설치 작업이 전기 작업자의 사정으로 누락되었다면 목수 및 철근 작업을 다시 해야 하는 상황이 생긴다. 이때 목수와 철근 작업자는 당연히 화를 낼 것이다. 반대로 설비나 전기 작업을 마쳤는데 목수나 철근 작업자가 작업하면서 기물을 일부 파손했을 때도 설비나 전기 작업자가 재작업을 순순히 해주지 않는다.

현장에서는 모든 공정이 동시에 이루어지므로 사소한 일에도 서로 이해관계가 맞물려 작업자들끼리 싸우는 경우가 늘 일어난다. 관리자는 이

■ 목수, 철근·전기·설비 작업자들이 협업하는 모습

러한 일들을 미리 방지하기 위해 각 공정별 팀장들과 미팅을 하고 사전에 상호 업무 협조를 해서 작업이 원만하게 진행되도록 조치를 취해야 한다.

이처럼 작업자에 의해 현장 작업이 중단되는 사례를 보면 크게 두 가지 유형이 있다. 첫 번째로는 앞서 말했던 작업자의 실수로 인한 재작업이다. 작업자의 능력이 부족해서 일어날 수도 있고, 도면을 잘못 이해해서 발생할 수도 있으며, 도면이 잘못되어 일어날 수도 있다. 여러 가지 변수로 인해 작업이 잘못되는 경우가 종종 있는데, 작업을 다시 할 경우 누군가는 반드시 책임을 져야 한다. 작업자들은 당연히 자신이 책임지기 싫으니 서로 주장을 굽히지 않고 싸움이 일어난다. 작업자가 자신의 잘못을 인정한다는 것은 곧 자기 돈을 지불한다는 뜻이기 때문이다. 결국 문제는 해결되지 못한 채 현장 작업이 중단되고, 그동안 작업했던 작업자들과는 더 작업을 진행할 수 없게 되는 경우도 생긴다.

건축주가 알아야 할 골조공사 체크포인트

☐ 철근 원산지를 확인한다.

☐ 철근 배근 간격, 강도, 굵기를 도면대로 작업했는지를 확인한다.

☐ 피복 두께가 도면대로 나오는지를 확인한다.

☐ 바닥 슬래브 철근 배근을 엇배근으로 했는지를 확인한다.

☐ 철근 결책을 빠뜨리지 않고 했는지를 확인한다.

☐ 보강 철근, 마구리, 앵커, 이음 길이가 도면대로 작업되었는지를 확인한다.

☐ 레미콘에 물을 타는지를 확인한다.(타설 작업을 편하게 하려고 작업자들이 물을 타는 경우가 있는데, 물을 타면 당연히 강도가 떨어진다.)

☐ 타설 후 물을 뿌려주는지를 확인한다.(콘크리트는 양생 과정에서 수분을 많이 필요로 하므로 물을 자주 뿌려야 한다. 그렇지 않으면 크랙 현상이 일어난다.)

두 번째는 돈 문제다. 골조 작업은 일반적으로 3~6개월 동안 작업하며, 작업 후 한 달이 지나면 임금을 지불한다. 건축주로부터 받은 기성금으로 현장 작업자들에게 인건비를 지불해야 하는데, 시공사의 자금 사정으로 현장 작업자에게 임금이 지불되지 않으면 작업자들이 파업을 한다. 그러므로 건축주는 기성금을 지불할 때 작업자들에게 임금 지불이 제대로 되고 있는지 꼭 확인해야 한다.

이유야 어쨌든 현장 작업이 중단되면 최종 피해자는 건축주다. 공사 지체상금률이 계약서에 명시되어 있다고 해도 이를 공제하기는 쉽지 않다. 이러한 일들을 방지하려면 수시로 현장을 방문하고 확인해야 한다. 모든 해결책은 현장에 있다.

끊임없이 신경 써야 하는 골조

#1 현재 기초로부터 유로폼이 2장 올라간 상태입니다. 한 장에 1,200mm이니 지금 높이는 2,400mm입니다. 여기서 한 장을 더 올려야 1층 높이가 됩니다. 이제 유로폼을 한 장 더 올리려면 따로 비계 작업을 해야 합니다. 참고로 안쪽 벽은 외부 마감이 노출 형태이므로 신품 유로폼을 사용해야 합니다.

#2 현장에서는 한 공정이 끝나고 다음 공정을 시작하는 것이 아니라 여러 공정이 동시에 진행됩니다. 주변 설비 작업, 전기 배전반 설치, 하수관 매립, 주변 정리, 수도공사 등 다양한 작업이 함께 이루어집니다.

#3 외부 형틀과 단열재 작업도 한창입니다.

#4 철근 배근 사이에 동그란 모습으로 스페이서가 세워져 있습니다. 이건 외벽과 내벽 사이에 피복 두께를 확보하고, 콘크리트 타설 시 철근이 벽체에 붙지 말고 하부 바닥까지 잘 내려가라고 중간중간에 끼워 넣는 것입니다. 보통 스페이서를 두지 않고 콘크리트 타설을 하는 경우가 많습니다. 벽체 스페이서를 빼먹거나 드문드문 설치하면 바닥 부분이나 창문 하부에 제대로 타설되지 않은 곳이 나타납니다. 천장 높이가 높아질수록 벽체 스페이서를 많이 사용해야 하지만, 피복의 중요성을 그리 심각하게 받아들이지 않을뿐더러 시간이 곧 돈인 작업자는 따로 지시받지 않는 이상 스페이서를 촘촘히 설치하지 않을 가능성이 높습니다.

#5 밖에서는 비계 작업을 합니다. 일반 비계가 아닌 시스템 비계와 문진망을 설치했습니다. 비계 설치는 건축물과 직접적인 상관관계는 없지만 작업 현장의 안전과 밀접한 관계가 있습니다. 비계에는 강관 비계와 시스템 비계가 있습니다. 강관 비계란 우리가 일반적으로 알고 있는 아시바라는 강관과 연결 철물을 조립해서 만듭니다. 현장이 작거나 건축물 구조가 복잡해 현장 여건상 시스템 비계를 쓰지 못하는 현장에서 설치하지만, 시스템 비계를 설치할 수 있는 조건이라도 비용 때문에 강관 비계를 설치하는 현장이 많습니다. 시스템 비계는 규격화, 일체

화되어 있어 설치가 용이하고, 안전해서 정부에서도 적극 권장하고 있습니다. 그러나 시스템 비계가 강관 비계보다 약 1.5배 정도 더 비쌉니다.

정부에서는 시스템 비계를 설치 시 보조금을 지원하고 있습니다. 산업안전보건공단을 통해 공사금 50억원 미만 소규모 건설 현장에 총소요 금액의 65%, 최대 2천만원 이내를 지원합니다.

#6 안쪽 내부 거푸집 작업을 진행합니다. 외부는 따로 마감재인 벽돌이나 스티로코로 처리하므로 유로폼 품질에 신경을 쓰지 않아도 되지만, 사진의 건물은 내부 노출 콘크리트 마감이므로 주의를 요하는 작업입니다.

#7 보를 올리는 것은 형틀 목수가 하는 작업 중에서 가장 어렵고 힘든 축에 속합니다. 어려운 보 작업을 마무리하고 밑에서는 보를 받쳐주는 동바리를 준비하고 있습니다.

#7-1 마지막 보가 올라가는 작업이 현장에서
는 가장 까다롭습니다. 1층에서는 주차장 천장
이 되고 2층에서는 베란다가 형성되는 등 구역
별로 높이와 형태가 다르기 때문에 작업자가
혼동해서 잘못 작업할 수 있기 때문입니다.

　이와 함께 작업자가 주로 혼동하는 상황은 내
부와 외부 작업 간의 혼란입니다. 작업자에게
혼란을 주는 상황의 한 예를 들면, 구역별로 단
열을 외단열로 할 것인지 내단열로 할 것인지
확실히 알지 못하는 경우가 있습니다. 대표적인 곳이 발코니인데, 발코니는 외단
열과 내단열이 부딪치는 곳이기 때문입니다.(222쪽 참고)

　단열재 작업에서 혼동이 오면 작업자들이 실수를 많이 합니다. 실수한 단열재
만 교체하면 된다고 생각할 수 있지만, 단열재만큼 단차가 나므로 거푸집부터 단
차를 줘서 작업해야 하는 상황이 생깁니다. 쉽게 말해 지금까지 작업했던 것을
해체하고 재작업을 해야 하므로 상당한 피해를 감수해야 합니다. 그러므로 관리
자는 사전에 이런 부분을 미리 체크해 작업에 차질이 없도록 해야 합니다.

#8 송판 노출 콘크리트 작업을 위해 일률적으로 높이와 깊이를 같게 재단해 틀을 만들고, 만든 틀에 송판을 하나씩 붙이는 작업을 하고 있는 모습입니다.

#9 이제 여기에 콘크리트를 타설하면 됩니다. 노출 콘크리트 거푸집 작업은 일반 거푸집 작업보다 많은 노력과 시간이 소요됩니다.

#10 철근 작업자는 보와 2층 바닥 철근 정착 작업을 하고, 목수들은 계단 및 타설 시 거푸집이 터지지 않게 하는 보강 작업을 합니다. 건물 구조에서 기둥과 보는 뼈대이므로 철근 정착이 세심하게 이루어져야 합니다.

특히 이음 길이는 철저하게 도면을 준수해서 작업해야 하는데 작업자들은 평소 하던 대로 대충 '이 정도면 되겠지' 하면서 넘어가는 경우가 대부분입니다. 일반적으로 눈에 보이는 것들에만 신경을 많이 쓰지만, 이음이나 결선 작업은 작업할 때 제대로 하지 않으면 나중에 수습할 수 없는 경우가 많습니다. 아래는 위쪽부터 보, 보와 기둥, 기둥에 철근을 배근한 사진입니다.

#11 발코니 부분에 캔틸레버 철근을 배근합니다.

#12 마구리면(자재의 끝단면)에도 철
근을 배근했습니다.

#13 감리사가 와서 거푸집과 철근 배근을 최종 점검했습니다. 감리사가 최종 점검 후 타설해도 좋다는 사인이 나와야 타설을 할 수 있습니다. 승인을 받은 후 타설을 진행합니다.

#14 3층부터는 모형처럼 전면부 창이 들어가야 합니다. 즉 이때부터 건물의 전면 디자인 윤곽이 서서히 나타난다는 뜻입니다. 전면부는 건물의 얼굴인 만큼 더욱 세밀하고 정교하게 시공해야 합니다.

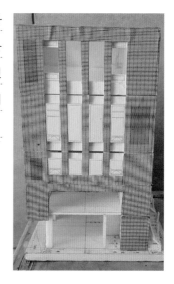

#15 창틀 안에 선반 같은 여섯 개의 틀이 있습니다. 이건 추후 타설 시 밀리는 것을 방지하기 위해 만든 틀입니다. 정밀 시공을 해서 창틀이 똑같은 간격을 유지하도록 해야 합니다. 이 간격이 잘못 시공되면 골조 후 간격을 조정하는 추가 공사가 만만치 않습니다. 더 넓은 부분을 좁게 만들고, 좁은 부분은 넓게 만드는 작업이 생각보다 어렵습니다.

#16 3층 골조를 타설하고 2층에서는 벽체 탈형을 합니다. 이를 현장 용어로 '바라시'라고 하는데, 목수가 하기 싫어하는 위험하고 번거로운 작업에 속합니다. 가장 위험한 바라시는 보를 해체하는 작업입니다. 천장 높이에 붙어 있는 보를 해체하면서 유로폼을 바닥으로 떨어뜨리는 작업인데, 천장에서 유로폼이 떨어질 때 사람 위로 떨어지면 바로 큰 부상으로 이어집니다.

#17 유로폼이 바로 바닥으로 떨어지면 건물 바닥에 충격이 큽니다. 아직 바닥 슬래브는 양생 중이라 충격이 심하면 크랙이 생길 수 있습니다. 이를 줄이기 위해 사용하고 남은 단열재를 바닥에 깔고 그곳으로 유로폼을 떨어뜨려 건물 충격을 줄여야 하는데, 작업자들은 바닥에 단열재를 잘 깔지 않습니다. 단열재를 일일이 깔려면 귀찮고 시간이 소요되기 때문입니다. 이 과정에서 꼭 관리 감독이 필요합니다.

#18 1층부터 5층까지 차례차례 형틀 쌓기, 철근 배근, 콘크리트 타설의 단계를 계속 거쳐 골조공사를 시작한 지 100여 일이 훌쩍 넘으면 전체 건물의 골조가 마무리됩니다. 골조공사가 끝나면 그동안 투입된 자재들을 탈형해서 다른 곳에 재사용하기 위해 반출하는 작업을 합니다. 늘 그렇지만 탈형 작업은 안전이 최우선입니다.

#19 골조공사가 마무리된 후 탈형하면 골조공사의 잘못된 부분이 보입니다. 특히 내·외부 마감공사를 할 때 굉장히 많이 나타납니다. 하지만 이를 다시 철거해서 재작업하는 것은 불가능하고, 누군가는 책임을 져야 하는데 책임지는 사람이 아무도 없습니다. 이것이 건설 현장의 현실입니다.

결과적으로는 모든 게 다 건축주의 몫이 됩니다. 불공평해도 어쩔 수 없이 건축주가 오롯이 책임져야 합니다. 건축주가 작업 지시를 잘못하면 시공사는 재시공 공사비를 추가로 요구합니다. 그런데 반대로 시공사가 잘못했을 때는 배상은 커녕 보수에 들어가는 공사비까지 건축주가 지불해야 하는 것이 지금 건설 현장의 안타까운 실태입니다.

수도와 배관공사

시공의 우선순위

건물의 골조공사가 뼈대를 만드는 공사라면 수도, 전기 등의 설비공사는 건물의 혈관을 만드는 공사다. 뼈대가 완성된 뒤 여러 부분에 혈관을 심어 살아 숨 쉬는 건물로 만드는 작업이 설비공사라고 할 수 있다. 설비공사는 상하수도, 냉난방, 공기 순환, 가스, 정화조, 기계 등 설비 전반의 공사를 모두 포함한다.

설비공사는 매번 층별 공사를 하면서 반복적으로 골조 작업과 함께 진행되며, 철근과 마찬가지로 일단 콘크리트 타설을 하면 모든 배관이 매립되므로 나중에 시공이 제대로 되었는지 확인할 수가 없다. 그러므로 타설할 때마다 매번 검사를 해서 하자를 최소화해야 한다. 물론 공사는 시공사가 알아서 해주면 된다고 생각할 수 있지만, 모든 일을 알아서 자기 일처럼 신경 써주는 것은 불가능하다. 건축주가 직접 감독하거나 감독을 대신해줄 믿을 만한 인력을 활용하는 것이 좋다.

시공을 할 때 건물에서 가장 중요한 부분은 구조적인 안전이며 그다음 물, 순환, 열 순이다. 다시 말해 골조 구조는 안전, 물은 누수, 배관은 순환, 단열은 열을 핵심 목적으로 작업한다. 안전이 최우선이며 각 우선순위에 따라 작업의 중요도를 설정하고 진행한다.

일부 건축가가 이 순서를 자기들 입맛에 맞게 흔들 때 문제가 생긴다.

건물의 구조적인 안전성이 보장되어야 외형의 디자인이 따라올 수 있다. 안전을 담보할 수 없다면 디자인이 아무리 좋아도 소용없다. 예를 들어 내부를 초호화 인테리어로 꾸민다 해도 누수가 발생하면 모두 꽝이다. 건물은 우선순위를 역행해 지을 수 없다. 역행해 짓다가는 훗날 재공사 할 각오를 해야 한다.

■ 건물 공사의 우선순위

구조(안전) → 물(누수) → 배관(순환) → 단열(열)

설비공사를 할 때는 이 순서를 잘 지켜야 한다. 간혹 설비 시공을 하다 보면 단열과 누수 모두 잡을 수 없는 경우가 있다. 예를 들면 창문을 시공할 때 창문과 틀 사이의 누수를 막기 위해 방수를 해야 하는데, 이 방수 처리로 인해 단열을 아무리 잘해도 단열이 덜 되는 경우가 있다. 이때는 어쩔 수 없이 단열보다 누수 공사를 우선순위로 놓아야 한다. 단열을 우선해 작업하면 나중에 누수 문제가 심각해져 창문을 뜯어내고 재공사 하는 결과를 초래할 수 있다. 설비공사를 할 때는 이처럼 우선순위를 어디에 두고 작업할 것인지를 선택해야 하는 경우가 종종 일어난다.

작은 부분이라도 소홀히 시공하면 바로 하자가 발생하는 것이 설비공사다. 따라서 설비공사는 골조공사와 달리 처음부터 끝까지 한 명이 전담해 작업하는 것이 하자 발생을 예방하는 데 효과적이다.

모든 일은 사후에 고치는 것보다 예방하는 것이 좋다. 특히 건축이 그렇다. 그러나 설비공사 과정에서 비용을 아끼려고 사소한 것들을 소홀히 생각하고 작업하는 경우가 있다. 이는 외모를 치장하는 데 드는 비용은 아끼지 않으면서 건강에 필요한 음식에는 인색한 것과 마찬가지다. 건강

배관공사의 하자 원인이 되는 연결 부위 및 자재들

을 잃고 나서 건강을 지키기 어렵듯, 건물도 사전에 세밀하게 시공해야 수명이 오래간다. 외형이야 나중에 추가 공사를 해도 늦지 않지만, 설비공사는 지을 때 제대로 시공하지 않으면 시공 비용을 훨씬 상회하는 어마어마한 보수 비용을 감당해야 한다.

설비공사에서 생기는 대부분의 하자는 단순해 보이는 배관 연결 부위(엘보, 소켓, 레듀샤, Y관, T관 등)의 잘못된 시공이 주요 원인이다. 배관공사의 하자를 보수하려면 공사가 마감된 부분을 다 철거해야 한다. 즉 배관 보수 비용보다 다시 마감하는 비용이 더 들어간다. 그러므로 한 번 시공할 때 시간과 노력을 충분히 들여 제대로 해야 한다.

상하수도 정화조 공사

상하수도 공사를 할 때는 다시 설계할 때로 돌아가 생각해야 한다. 건축주는 1차 설계에서 꿈꿔온 건물의 외형을 처음 만나면 누구보다 기쁨이 클 것이다. 건축가도 그동안 디자인에 쏟은 시간과 노력들이 주마등처럼 스치며 성취감을 느낄 것이다. 이 순간 건축가와 건축주 모두 긴장이 다소 풀리는 것은 자연스러운 현상이다. 하지만 1차 작업의 고비를 넘겼다고 해서 앞으로 걱정 없이 설계가 진행될 것이라고 생각하면 안 된다. 건축주가 할 일이 많아지는 시점이 이때다.

건축가가 만든 설계 도면에는 상하수도 배관 위치가 지정되어 있다. 위치가 정해지면 위치에 맞게 배관을 설치하고 콘크리트를 타설한다. 즉 콘크리트를 타설할 때 배관을 미리 매립해놓기 때문에 배관 위치가 변경되면 타설한 콘크리트를 해체해 다시 배관 설치 작업을 해야 한다. 이처럼 상하수도, 정화조, 수도관 위치 선정이 잘못되거나 시공 과정에서 변경되면 바로 추가 비용과 연결된다.

일반적으로 건축주는 정작 위치 선정이 중요한 설비공사에는 그다지 신경 쓰지 않고 있다가, 디자인 요소가 많은 인테리어 공사가 시작되면 그때 현장에 나타나 위치 변경을 요구하는 경우가 많다. 설비공사를 안일하게 생각하면 나중에 위치를 바꿀 때 추가 공사비로 호된 대가를 치르게 된다. 1차 설계가 끝나면 긴장의 끈을 놓지 말고 바로 설비공사에 전념하며 배관 위치 선정에 최선을 다해야 한다.

실전 TIP 각종 상하수도 설비 선택과 위치 선정

① 변기
소·중·대 사이즈가 있다. 비데를 설치하려면 중 이상의 사이즈를 선택한다. 비데 옆에는 전기 콘센트와 청소용 수도관을 설치한다. 최근에는 화장실 면적을 최소 단위로 설정하기 때문에 중 사이즈의 변기를 많이 사용한다.

② 세면대
변기 위치에 따라 세면대 위치가 결정된다. 사이즈와 하수구 위치가 벽면용인지, 바닥용인지 정해야 배관 위치를 잡을 수 있다.

③ 수도관
온수와 직수 둘 다 설치한다.

④ 샤워기
설치할 수도 있고 안 할 수도 있지만, 설치한다면 꼭 샤워기 밑에 하수 배관을 설치한다.

⑤ 보일러실
하수구와 온수, 직수, 전기 콘센트의 위치를 설정한다.

⑥ 싱크대
전기 콘센트, 온수와 직수, 하수구 위치를 설정한다. 식탁이나 기타 부속물이 추가로 설

치되는 경우가 많으므로 전기 콘센트를 되도록 여러 곳에 많이 설치해두는 것이 좋다. 싱크대 위치에 관해 건축주의 생각이 자주 바뀌므로 하수구 위치를 설정할 때는 추후 변경될 것을 염두하고 두 개 정도 설정하는 것이 좋다.

⑦ 에어컨 배수관
일반적으로는 시공하지 않지만 나중에 에어컨을 설치할 때 배수관 때문에 문제가 생기는 경우가 있다. 그러므로 설계 도면에 에어컨 배수관을 미리 설정해놓아야 한다.

⑧ 기타
세탁기나 탕비실 기구, 건축주가 준비한 전자제품이 있으면 건축가에게 미리 알려주고 사전에 위치를 잡아야 한다.

설비공사에서 최선을 다해야 할 사람은 건축가가 아니라 건축주다. 건축주는 1차 설계가 시작되면 바로 건물에 사용할 기구를 알아봐야 한다. 싱크대, 변기, 세면대, 보일러 등 건물에 사용할 기구가 구체적으로 정해져야 배관 위치를 잡고 설계할 수 있기 때문에 미리 준비하지 않으면 설계가 늦어질 수 있다.

배관 위치 선정에서 곤란을 자주 겪는 이유가 건축주의 변덕으로 인한 위치 변경도 있지만, 그보다는 기구 크기를 정확하게 알지 못해서다. 예를 들어 A사 제품의 크기가 660mm였는데 B사 제품으로 바뀌면서 크기가 전보다 커지면 그 위치에 배치할 수 없어 다른 위치로 옮겨야 하고, 배관공사도 그에 맞춰야 한다. 결국 크기 하나 때문에 재공사가 진행되는 것이다. 따라서 도면 위에 기구의 실물 크기를 축척에 맞게 놓아보는 것이 좋다. 크기를 확인하지 않고 대충 기구를 놓으면 나중에 구조를 대대적으로 변경해야 하는 곤란을 겪는다.

골조공사가 끝나고 나서 배관 위치 선정이 변경되면 만만찮은 추가 공사비가 발생한다. 이 말은 건축주가 게으르면 곧바로 그 대가를 치러야 한다는 뜻이다. 1차 설계가 시작되면 바로 기구 선정에 들어가야 한다.

보통 기구 선정을 인테리어 작업 때 같이 하는 것으로 잘못 알고 있는 경우가 많다. 그러나 인테리어 단계에서는 기구의 색깔 같은 구조 변동이 없는 부분만 선정한다. 크기나 구조에 영향을 주는 디자인은 배관 위치에 지장을 초래할 수 있으니 설계 단계에서 결정된 사항을 절대 바꾸지 말아야 한다. 배관 위치가 변할 경우 추가 비용이 발생한다는 점을 명심한다.

수도공사

수도의 종류는 계량기를 통해 직접 들어오는 직수, 보일러실이나 온수기에서 나오는 온수, 지하에서 끌어올리는 지하수 등이 있다. 수도관의 종류로는 PVC관, PPC관, XL(엑셀)관, 스텐주름관, 동관, 강관, 메타폴관, PE관, PB관 등이 있다.

▥ 수도관의 종류

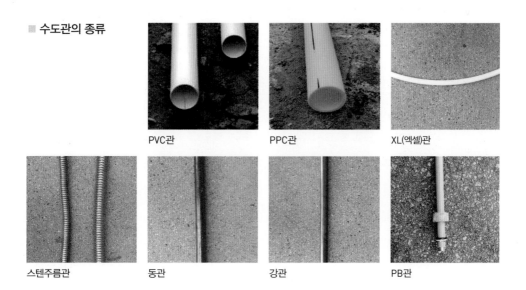

PVC관   PPC관   XL(엑셀)관

스텐주름관   동관   강관   PB관

수도관의 종류 중 PVC관은 인체에 유해하고, 강관 파이프는 물에 부식되어 시간이 지나면 녹이 슬기 때문에 현재 사용하지 않는다. PPC관 또한 생산 초기에는 시공이 간편해 난방 보일러 배관으로 많이 사용했으나 이음관 부실로 누수가 자주 발생해 지금은 사용하지 않는다. 메타폴관은 1차 플라스틱, 2차 알루미늄, 3차 플라스틱으로 3중 코팅된 관이다. 콘크리트나 땅에 매립할 경우 2차 금속 부분이 부식되고, 가격 대비 효율이 떨어져 잘 사용하지 않는다.

일명 엑셀관으로 불리는 XL관은 보일러 난방 배관에 가장 많이 사용하는 제품이다. PE관은 매립용으로 많이 사용하나 강도가 타 제품보다 약한 것이 단점이다. 스텐(스테인리스)주름관은 부식이 적고 충격 강도가 강해 수도관으로 널리 사용되며, PB관은 현재 가장 널리 쓰이고 있는 제품이다.

PB관 시공에서 주의할 점

현재 현장에서 가장 많이 사용하는 수도관은 PB관이다. 녹이 슬지 않고 가벼우며 시공과 성형이 편리하다. 가격도 저렴하다. 단점 및 주의할 점은 다음과 같다.

① 시공이 간편해서 작업자의 태만으로 시공 문제가 발생할 수 있다

PB관 안에는 183쪽 사진처럼 작은 링으로 된 부속품이 있다. 고무링은 물이 밖으로 흐르지 않게 막아주는 역할을 하고, 톱니 모양의 부품은 배관이 빠지지 않게 잡아주는 역할을 한다. PB관을 연결할 때는 배관 안에 반드시 슬리브라는 부속을 넣어서 시공해야 하는데, 이 중 어느 하나라도 빠뜨리고 시공을 하면 나중에 누수가 발생한다.(183쪽 사진 참고)

크기가 매우 작기 때문에 '하나 정도는 빠져도 괜찮겠지?'라고 생각하거나, 슬리브 넣는 것을 깜빡 잊었다가 다시 풀어서 재시공을 하는 것이

귀찮아 그냥 배관을 연결하는 경우도 많다. 특히 미숙련공이 작업할 때 이런 일이 흔히 일어난다. 조그만 부속이라고 사소하게 생각하는 안전 불감증이 낳은 부실시공이다. 훗날 이 누수를 찾기 위해 들여야 할 비용과 노력은 작업자가 지불하는 것이 아니라 오롯이 건축주의 몫이다.

PB관을 연결할 때는 반드시 깊숙이 두 번 들어가는 느낌으로 체결한다. 작업 공간이 협소한 곳에서 자주 발생하는 실수인데, 배관을 한 번에 살짝 끼우면 마치 들어간 것처럼 보이지만 사실은 제대로 삽입되지 않은 상태라 나중에 빠지는 경우가 매우 많다. 만약 제대로 들어가지 않았다고 느껴지면 바로 다시 풀어서 잘 들어갔는지 확인해야 한다. 미숙련공은 이런 것을 잘 확인하지 못하므로 배관 작업은 반드시 숙련공에게 맡긴다. 꼬마빌딩의 수도 배관은 숙련공 한 사람만 투입되어도 충분한 작업량이다.

② PB관은 주의해서 다뤄야 한다

배관을 운반하거나 시공할 때 바닥에 끌거나 무거운 물건으로 인해 충격을 받으면 관이 꺾이거나 훼손될 수 있다. 훼손되면 바로 교체해서 해

▒ PB관 시공

슬리브는 PB관을 연결할 때 쓰이는 부속품이다.

사진처럼 PB관에 슬리브를 넣는다.

슬리브를 넣은 PB관을 연결한다. 이때 반드시 두 번 들어가는 느낌으로 체결해야 한다.

결하면 되지만, 충격을 받은 직후 겉으로 보기에는 이상이 없어 보이는 것이 문제다. 한 번 충격을 받으면 언젠가는 배관이 훼손된다. 이것이 PB관의 가장 큰 단점이다. 충격을 받은 부분은 나중에 반드시 누수의 원인이 된다.

③ PB관은 석유화학 물질과 접촉하면 안 된다
석유화학 물질에 접촉하면 PB관 자재에 갈라짐이나 변화가 생길 수 있다. 특히 화장실을 작업할 때 방수액이 배관에 접촉하지 않도록 주의해야 한다.

④ PB관은 금속 물질(특히 철근 결책선)과 결합하면 안 된다
배관을 묶을 때 현장에서 쉽게 구할 수 있는 철근 결책선을 이용하는 경우가 많다. 그러나 이 선은 녹이 발생할 수 있는 자재이므로 배관과 직접 접촉하는 일을 반드시 피해야 한다. 금속의 녹이 배관에 닿으면 라디칼이 생성되어 갈라짐 현상이 일어날 수 있다. 무심코 작업한 결책선에 추후 녹이 발생해 수도관이 파열되면 바로 누수가 발생한다.

■ 철근 결책선으로 묶인 PB관

184쪽 사진은 PB관을 결책선으로 묶어 고정한 모습으로 현장에서 흔히 볼 수 있다. 일단 타설하면 작업한 것이 보이지 않으므로 아무 일 없다는 듯 넘어가게 된다. 그러나 결책선은 시간이 지나면 녹이 슬어 결국 PB관에 영향을 주고, 언젠가 이 부분에 반드시 누수가 발생한다. 많은 현장 작업자가 당장 지금만 문제가 없으면 된다는 생각으로 이렇게 작업하고 있다.

⑤ 베란다에 수도를 설치할 때는 배관을 실내에서 실외로 빼 설치한다
실외에서 실외로 연결하면 겨울철에 동파 가능성이 매우 높다. 이때 외

실전 TIP 외부 수도관 연결 작업

외부 수도관과 건물 인입 수도관을 연결할 때 주의할 점을 아래 일화를 통해 알아보자. 건물 완공 후 수도 사업소에서 외부 수도관과 건물 인입하는 수도관을 연결하기 위한 조사가 나왔다. 우리가 요구하는 25mm 관으로 연결할 수 있는지 확인하는 조사다. 현장 조사를 하니 건물 앞 6m 도로에는 50mm 관이 들어와서 25mm 관으로 연결할 수 있는데, 건물 옆 4m 도로 쪽에서는 20mm 관이 들어와서 우리가 요구하는 25mm 관을 연결할 수 없다고 했다. 결국 재작업을 해서 6m 도로 쪽으로 수도관을 다시 연결해야 우리가 요구하는 25mm 수도관과 연결할 수 있다는 뜻이다.

다행히 이 사례에서는 재작업을 통해 수도관을 연결할 수 있었지만, 건물 수도관과 6m 도로 쪽의 수도관을 연결할 수 없는 위치였더라면 울며 겨자 먹기로 4m 도로에서 20mm 수도관을 연결할 수밖에 없었을 것이다. 이처럼 수도관을 연결하는 경우까지 고려해 가능하면 큰 도로 쪽에서 수도관을 연결할 수 있도록 설계부터 미리 준비해놓아야 한다. 원래 예상보다 작은 수도관이 연결되면 고층에서 수도를 사용할 때 수압이 약한 문제가 발생하며, 아래층과 위층이 물을 동시에 사용할 때 위층에 물이 제대로 공급되지 않는다.

이렇게 되면 건물을 잘 지어놓고 평생 수돗물 때문에 스트레스를 받으면서 사는 상황이 생길 수도 있다. 보완하려면 따로 기계를 설치하거나 인내하는 수밖에 없다. 완공된 건물을 잘 사용하려면 각 지역별로 자기 건물 앞까지 수도관의 지름이 얼마인지, 건물 주위에 수도, 전기, 가스가 어떻게 들어와 있는지 꼭 알아야 한다.

처음 준비했던 인입 수도관을 큰 도로
쪽으로 재작업하는 과정

부용 수도관은 동절기에 대비해 부동수전(不凍水栓. ice free tap)을 설치해야 한다. 수도 계량기는 각 층별 또는 세대별로 설치하는 것이 원칙이나, 설치하지 않는다면 각 세대별로 수도 밸브를 만들어 누수 검사에 대비한다. 세대별 밸브가 없으면 건물 전체 밸브를 잠그고 누수를 검사해야 한다. 즉 검사 범위가 건물 전체로 확대되므로 누수의 원인을 찾기가 더욱 어렵다.

수도 하자와 누수 사고를 줄이는 법

누수 공사 자체는 간단하다. 누수 부분을 조여주거나 교체하면 된다. 다만 누수 부위를 찾는 것이 문제다. 요즘은 누수 장비의 발달로 예전보다 쉽게 찾는다고는 하지만 그렇다 해도 결코 쉽지는 않다. 누수 부위를 찾는 것은 힘든 작업이므로 공사비도 부르는 대로 줄 수밖에 없다. 물론 비용은 큰 문제가 아니다. 누수가 발생한 뒤 누수 지점을 찾지 못하면 점점 더 보수 비용이 올라가고, 최악의 경우 작은 누수 하나 때문에 건물을 헐값에 매도해야 하는 사태에 이를 수 있다. 누수는 인체로 비유하면 암 같은 존재다. 건물 수명을 단축하는 것은 물론 심하면 건물 전체를 재공사하는 결과를 초래한다.

① T이음을 최소화하고 이중관으로 설치하라

수도 하자가 발생하는 주원인은 수도관 자체가 아니라 수도관을 연결하는 부속물에 있다. 수도관과 수도관의 연결 부위가 노화되어 틈이 생기고, 그 사이로 한 방울씩 떨어진 물이 모이면 누수가 발생한다. 따라서 매설되는 수도관은 원라인(one-line)으로 중간에 T이음 없이 설치하는

것을 원칙으로 한다. 그러나 수도관을 원라인으로
연결하기는 거의 불가능하다. 따라서 수도관을 손
쉽게 교체하려면 이중관으로 설치하는 것이 좋지
만 비용이 추가된다.

이중관(CD관에 삽입된 PB관)

이중관이란 수도관(PB관)이 들어갈 수 있는 주
름관(CD관)을 먼저 설치한 뒤 그 관 속으로 수도
관을 집어넣어 설치하는 것이다. 참고로 철근 콘
크리트로 골조를 만드는 건물에는 대부분 이중관 설치를 하지 않는다.
타설할 때 이중관이 막히거나 부서지는 경우가 많고 시공이 까다롭기
때문이다. 이때는 꼭 필요한 부분에만 이중관을 할 수도 있다. 이러한 단
점이 상쇄되는 목재 건물에는 이중관으로 설치하는 것이 가장 좋다. 현
장에서는 주로 PB관을 지름이 더 큰 CD관에 삽입한 형태의 이중관을
사용한다. 이 형태는 PB관을 보호하는 동시에 추후 하자가 발생했을 때
더 쉽게 보수를 할 수 있다는 장점이 있다.

원라인으로 이중관을 사용하는 것이 불가능해 수도관을 T밸브로 연결
해야 하는 경우에는 연결 부위가 어느 곳인지 사진을 찍거나 동영상으
로 촬영해둔다. 더불어 도면에 위치를 표시해놓으면 추후 누수가 발생했
을 때 큰 도움이 된다.

물은 제자리에 있지 않고 계속 흐르기 때문에 건물의 누수 원인을 찾
기가 매우 어렵다. 모래사장에서 바늘을 찾는 격이다. 그런데 누수의 원
인을 찾고 나면 항상 허망하다. 언제나 연결 부위의 아주 조그만 틈에서
새는 물 한 방울이 건물 전체를 뒤흔드는 원인이기 때문이다.

② 방수턱을 만들어라

수도관이 지나가는 곳(화장실, 탕비실, 세탁실 등)에 방수턱을 만들면 물이
해당 범위 안에 고여 있어 누수 원인을 쉽게 찾을 수 있다. 그러나 방수

턱 공사는 시공사들이 가장 싫어하는 공사 중 하나다. 따라서 설계할 때 방수턱 공사를 기재해 기초공사 부분(125쪽)에서 설명한 것처럼 의무적으로 시공하도록 해야 한다.

③ 온수관을 주의하라

온수관은 다른 수도관에 비해 더 빨리 하자가 발생한다. 물이 데워졌다 식었다를 반복하면서 수축과 팽창이 계속 일어나므로 연결 부위에 누수가 발생할 확률이 매우 높다. 그러므로 온수관 배관 작업은 반드시 이음 없는 원라인으로 한다.

④ 외부 수도관에서 건물에 인입되어 들어오는 수도관을 두 개 설치하는 것도 방법이다

수도관을 예비용으로 하나 더 설치해놓으면 기존 수도관에 문제가 발생했을 때 예비관을 사용할 수 있다. 즉 누수를 못 찾아 수도 배관을 다시 해야 하는 경우가 생기면 예비로 준비한 수도관을 사용하는 것이다. 시공할 때는 비용 낭비라고 생각할 수도 있지만, 건물 전체를 뜯어내 공사하는 것보다는 이 방법이 더 효율적이다.

하수 배관공사

하수 배관은 한 번 설치하면 건물과 수명을 같이한다. 하수 공사는 배관을 잘못 설치하는 경우보다 위치 변경으로 인해 추가 공사를 하는 경우가 훨씬 많다.

하수관은 일반적으로 PVC VG1과 VG2 두 종류를 많이 사용한다. VG1은 실외용이고 VG2는 실내용이다. 가끔 VG2를 실외용으로 사용하

는 경우가 있는데 이럴 경우는 수정을 요구해야 한다. VG1과 VG2의 차이는 두께다. PVC관은 기본 강도가 약한데, VG2가 VG1보다 얇으므로 땅에 매립할 경우 파손될 확률이 매우 높다.

PVC관 종류는 KS와 BS로 구분되는데, KS는 정품과 같은 개념이고 BS는 미인증 제품이라고 보면 된다. 두꺼우면 VG1이고 얇으면 VG2이다.

하수 배관의 부속자재로는 엘보, 소켓, 레듀샤, Y관, T관이 있다.

여기에 배관과 배관을 연결하는 방법에 따라서도 종류가 나뉜다. 배관을 서로 본드로 연결하는 구조는 DTS 부속이라고 하며, 조임식으로 연결하는 것은 DRF, URF, JRF 부속이라고 한다. 가능하면 조임식 배관을 권장한다. 부속을 교체할 때 본드형보다 조임식이 보수 작업이 더 쉽다.

참고로 배관 부속 중에 흡음과 차음 재료가 들어가 있는 조임식 부속 배관이 있다. 이 부속은 방음 기능이 있어 실내 배관이 천장으로 열리는 경

PVC VG1(위쪽), VG2(아래쪽)

조임식 배관

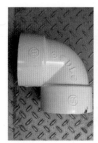

엘보

레듀샤

소켓

T관

Y관

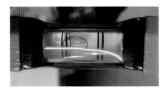
수평자를 사용한 구배(기울기) 측정

우 물이 흐르는 소음을 차단하는 용도로 사용한다. 그러나 그만큼 가격이 비싸 현장에서 사용하는 경우가 거의 없다. 이런 것까지 신경을 써서 시공해주는 시공사야말로 건축주가 찾는 시공사일 것이다.

배수와 구배(기울기)

하수 배관을 시공할 때 가장 중요한 것은 오수 배관의 구배(기울기)다. 구배는 안 줘도 문제지만 너무 많이 줘도 문제가 된다. 구배가 없으면 물과 이물질이 흐르지 않아 문제가 되고, 구배를 너무 많이 주면 물만 빠지고 이물질이 남아 막히게 된다. 현장에서는 물 위에 배가 둥둥 떠가듯 이물질이 흐르면 된다고 표현한다.

일반적으로 배수라고 하면 물만 흐르는 것으로 착각한다. 배수는 물만이 아니라 이물질이 같이 흘러야 한다. 흐르지 못한 찌꺼기가 모이면 배수관을 막는 원인이 된다. 막힘 현상을 방지하기 위해 배관에 기울기(구배)를 주는 것이다. 구배를 주면 물이 흐르면서 찌꺼기도 함께 흐른다. 이것이 배수의 기본이다.

오수 배관 기울기는 원칙적으로 1/관경(배관 직경)이다. 즉 관경이 100mm이면 1/100인 1mm의 기울기를 주면 된다는 의미다. 현장에서는 1m당 5mm의 단차를 준다. 2m 수평자를 이용해 수평대를 놓고 눈금이 한쪽 방향으로 두 줄 쳐져 있는 곳까지 가면 정확하게 1m당 5mm 단차가 나온다.(위 사진 참고)

순환을 돕는 통기구

물이 흐르는 것을 돕는 기구로 통기구(통기관)가 있다. 통기관이란 말 그대로 공기가 통하는 관으로, 공기를 통하게 해 봉수를 보호한다. 봉수란

■ 통기구

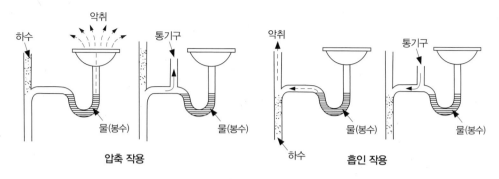

압축 작용　　　　　　　　　흡인 작용

배수 트랩 내부에 차 있는 물을 말하며 냄새, 가스, 벌레 등이 하수관을 타고 실내로 침입하는 것을 방지하는 역할을 한다.

통기구를 설치하면 화장실과 하수구의 악취를 잡을 수 있고 화장실이나 하수구에 여러 명이 한꺼번에 물을 내려보내도 빨리 빠지고 울렁거리는 현상이 없다. 이처럼 통기구는 중요한 역할을 한다. 그러나 도면에 없는데 알아서 시공해주는 시공사는 없다. 그러므로 설계할 때 꼭 도면에 통기구 설치를 기재해 빠뜨리지 않고 시공해야 한다. 비용도 많이 들지 않으면서 순환과 환기가 잘되고 냄새도 잡아주는 아주 유익한 배관이다.

이물질 청소에 꼭 필요한 소제구

하수관 연결 부위가 직각으로 시공되어 있는 부분에는 나중에 반드시 이물질이 모인다. 이는 하수관이 막히는 원인이 된다. 따라서 연결 부위는 직각으로 시공하지 않는 것이 원칙이다. 90도를 사용해야 하는 부분은 45도를 두 번 사용해 하수관이 막히지 않도록 한다. 부득이하게 90도로 작업해야 하는 경우에는 꼭 소제구를 설치한다. 소제구란 배수관이 막혔을 때 점검과 청소를 하기 위해 설치하는 구멍을 말한다. 배수관이 막히면 소제구를 통해 하수구를 청소한다. 소제구가 없으면 이물질을 제

소제구

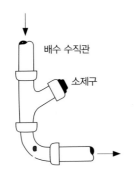

배수 수직관

소제구

소제구

거하기 위해 배관을 철거하는 하수관 재공사를 해야 한다. 비용도 비용이지만 배관 보수를 위해 주변을 철거해야 하는 어려움이 더 크다. 이를 예방하려고 소제구를 설치하는 것이다.

하수 배관을 설치할 때 수평 배관 길이는 짧을수록 좋다. 수평 배관의 기울기를 아무리 제대로 줘도 이물질이 남기 때문이다. 특히 기름기 같은 이물질이 흐르지 않고 남아 배관이 막히는 경우가 많다. 어쩔 수 없이 수평 배관을 길게 만들어야 한다면 배관 관경을 최소 75mm로 해서 배관이 막히는 것을 미연에 방지하는 것이 좋다.

배관 연결 소켓은 T자형보다는 Y자형을 사용하는 것이 좋다. 배관 청소 기구를 넣으면 Y자형은 물 흐르는 곳으로 이물질을 유도해 청소가 수월하지만 T자형은 직각이므로 이물질 유도가 어려워 청소할 때 애를 먹는다. 일반적으로 Y자형을 많이 쓰는데 가끔 T자형으로 작업하는 업체도 있다. 이 차이가 별것 아니라고 여길 수도 있지만 나중에 곤란을 겪지 않으려면 꼭 확인한다. 참고로 Y자형 배관의 한쪽 구멍을 청소할 방향으로 잘 설치해야 기구를 넣고 청소할 수 있다. 반대 방향으로 설치하면 소제구의 구실을 하지 못하니 주의한다.

배수의 종류

배수는 크게 우수배수, 생활배수, 오수배수로 나뉘며 각 배수별로 구분해서 배관한다. 특히 오수와 생활하수는 구분해서 배관해야 한다. 이를 지키지 않으면 건축 허가가 나지 않는다. 허가를 받을 때 겉에서 보이는

실전 TIP **보일러 배관 설치**

보일러 배관은 수도관 공사와 마찬가지로 무조건 원라인으로 시공해야 한다. 원라인이란 끊김 없이 분배구에서 나가 다시 분배구로 들어오는 배관을 말한다. 보일러 누수의 95%는 배관 연결 부위에서 생긴다. 자재비를 아끼려고 원라인 시공 대신 중간에 이음 처리를 하면 훗날 누수가 발생해 큰 문제가 생긴다.

보일러 배관(XL관)을 끊김 없이 원라인으로 작업하는 모습이다.

사진 중간에 빨간색으로 표시된 부분은 추후 인테리어 작업을 할 때 기둥 자리를 표시한 것이다. 기둥을 설치할 때 배관이 파손될 수 있으므로 이런 식으로 사전에 자리를 확보해둔다.

배관 시공이 완료된 모습. 중간에 이음 없이 깔끔하게 작업되었다.

부분은 구분할 수 있지만, 눈으로 확인할 수 없는 부분인 배관이 매입된 부분은 볼 수 없다. 이곳을 종종 오수와 생활하수를 구분하지 않고 작업하는 경우가 있다. 그러면 하수관에서 불쾌한 오수 냄새가 올라온다. 봉수 트랩으로 막는다고 하지만 근본적인 해결책이 될 수는 없다.

하수 배관에도 통기구를 꼭 설치한다. 통기구가 내부에서 발생한 압력 가스를 대기로 배출하는 통로 역할을 한다. 예를 들면 석유통의 석유를 난로에 넣을 때 주입 호스를 난로에 넣고 석유통의 뚜껑을 열면 훨씬 잘 투입되는 것을 볼 수 있다. 석유통 뚜껑이 통기구 역할을 한 것이다.

수도와 배관공사가 끝나면

하수 배관이나 수도관 매립을 마친 후 건축주의 변심으로 위치를 바꾸는 경우가 흔하다. 여기서 문제는 이미 작업한 하수관이나 수도관의 처리 여부다. 하수관은 소켓으로 막으면 되지만, 수도관은 막을 때 더욱 주의해야 한다.

수도관을 막았다 해도 물이 막힌 것이지 수도관 자체는 살아 있기 때문이다. 수도관은 다 설치한 후 압을 걸어서 테스트하는데, 처음에는 괜찮다가 압력이 지속적으로 가해지면 이곳에서 누수가 발생한다. 압이 걸렸다가 풀렸다가 하면서 막았던 밸브가 조금씩 벌어지고 누수가 발생한다. 인테리어가 마감된 뒤 찾으려고 하면 보통 힘든 게 아니다. 이럴 경우에 대비해 수도관 연결 부위나 막았던 밸브를 사진이나 동영상으로 촬영해서 훗날 누수에 대비해야 한다.

수도관 설치 후 수도관에 압을 넣어서 수도관의 기밀성을 테스트하는 목적은 수돗물이 새는지 확인하는 데에 있다. 이때 시공사는 보통 하수관은 테스트를 하지 않고 수도관만 테스트한다. 수도관은 수도를 틀면 수도관의 누수 유무를 바로 알 수 있지만, 하수관은 준공 후 입주자가 들어와서 물을 사용해야 하수관의 하자 유무를 알 수 있기 때문이다. 즉 당장 눈앞에 드러나는 것만 처리하려는 것이다. 미래에 일어날 일까지 감안하고 미리 처리해주는 시공사는 없다. 그러므로 건축주는 수도관만 테스트할 게 아니라 하수관도 테스트해서 하자가 없도록 한다. 수도관이나 하수관의 부실시공은 엄청난 피해를 주기 때문에 꼭 마감 전에 테스트해서 확인한다. 호미로 막을 수 있는 것을 가래로 막을 필요는 없다.

하수관과 하수관을 연결하는 부위에는 가능하면 전공구(점검구)를 설치한다. 이 부위는 하자가 발생할 확률이 매우 높기 때문에 미리 전공구를 만들어 대비해야 한다. 나중에 보수하려면 연결 부위를 알 수 없어 무척 애를 먹는다.

수도와 하수관은 시공도 중요하지만 하자가 발생했을 때 보수가 수월하도록 준비하는 것이 중요하다. 자동차를 관리할 때 오일 같은 소모품을 계속 바꿔줘야 하는 것처럼, 건물도 끊임없이 관리하면서 사용해야 한다.

배관공사 체크리스트

- ☐ 전공구(점검구)를 만든다.
- ☐ 비트(배관 통로)를 만들어 모든 배관을 관리한다.
- ☐ 소제구를 만든다.
- ☐ 통기구를 설치한다.
- ☐ 수도관과 하수관의 연결 부위는 동영상이나 사진으로 찍어 보관한다.
- ☐ 수도관은 이중관으로 설치한다.

수도와 배관공사

#1 수도 배관은 이음과 이음의 연속입니다. 이음 부분은 누수를 막기 위해 최소화하는 것이 좋은데, 현장에서는 최소화는커녕 작업자의 편리대로 이음이 연속으로 작업됩니다. 이는 작업을 보다 세밀하게 관리하면 충분히 해결할 수 있는 일입니다. 그러나 공사장은 협소하고, 여러 복잡한 공정이 동시에 진행되니 하나하나 신경 쓰지 못하는 것이 현실입니다.

#2 철근 배근과 함께 수도 및 하수 배관 작업을 진행하던 중 문제가 발생했습니다. 철근 정착 전에 에어콘 배관 슬립을 미리 해놓아야 하는데 공정을 놓친 것입니다. 나중에 에어콘 배관을 설치할 때 타공을 해야 했는데, 에어콘 배관 슬립을 미리 준비해두면 따로 타공을 할 필요가 없습니다. 철근이 정착되고 난 후 배관을 삽입하는 일은 결코 쉽지 않습니다. 겨우 배관 라인을 찾아서 배관을 작업하고 있습니다.

#3 공사가 거의 마무리되고 수도 점검을 위해 압을 걸어봤습니다. 테스트 결과 1층 화장실과 수도 계량기 쪽에 누수가 발견되어 보수하고 있습니다.

#4 건물 건축이 마무리될 즈음, 외부 하수관을 타공하고 있습니다. 외부 하수관과 건물 하수관을 연결해줍니다.

전기공사

전기 기초 상식

　　일반적으로 전기에는 두 선이 있다. 한 선은 양전기, 다른 한 선은 음전기가 흐른다. 전기는 같은 종류의 전기를 밀어내고, 다른 종류의 전기를 끌어당기는 성질이 있다.

　　발전소의 전기는 어떤 원리로 집까지 전달되어 전등을 밝힐까? 발전소는 전선 안의 전자를 움직이는 힘을 만든다. 이 힘으로 집까지 전자를 운반한다. 이를 전압이라고 한다.

　　전선 안의 전자가 운동을 잘할 수 있도록 도와주는 재료를 '도체'라고 한다. 우리가 잘 아는 대표적인 도체가 구리와 은이다. 반대로 움직임을 방해하는 재료를 '부도체'라고 하며 플라스틱, 돌, 유리 등이 있다.

　　여기서 전자가 움직이는 것을 전류라고 한다. 정리하면 전류가 전압의 힘으로 집에 도착한 뒤 전등을 밝혀주는 것이다. 전류가 흐르면 불을 밝히고, 기계를 돌리는 등 각종 일을 한다. 이처럼 전자가 일을 하는 것을 '부하'라고 한다. 전기가 일하는 방식은 빛, 동력, 열의 3가지가 있다. 집 전등에 빛을 밝히고(빛), 청소기로 청소하고(동력), 전기장판으로 방을 덥히는 것(열)이 그 예다.

　　전기가 부하 상태일 때 한꺼번에 2~3가지 일을 시켜서 무리가 되는 것을 과부하된다고 하며, 결국 일하지 못하는 상태가 된다. 콘센트에 많은 멀티탭을 끼웠을 때 과부하가 생겨 차단기가 떨어지는 현상이 이에 해당한다. 전기가 일을 하면서 전기 흐름을 방해하는 경우도 있는데, 이를 전기 저항이라고 한다. 지금까지 설명한 개념을 다시 정리해보자.

전압(V)

전압이란 '전기회로에 전류를 흐르게 하는 능력 또는 끌어내리려고 하는 힘의 양'이다. 단위는 V(볼트)로 표현하고 숫자가 높을수록 힘이 크다. 전기는 전압이 높은 곳에서 낮은 곳으로 흐른다. 한 예로, 수압이 세면 물줄기가 강해 물을 멀리 전달할 수 있다. 잔디밭에 물을 줄 때 멀리 보내기 위해 호수 주둥이를 눌러주면 수압이 세져서 멀리 보낼 수 있다. 이와 같은 맥락에서 전기의 압력을 전압이라고 부른다.

전류(A)

전류는 실제로 흐르고 있는 전기의 양을 말한다. 단위는 A(암페어)로 표기하며 숫자가 높을수록 양이 많다. 예를 들어 220V용 1,000W인 전기밥솥이 1초 동안 1,000W의 전력을 소비한다고 하면, 이때 전기밥솥의 전류는 전력(1,000W)에서 전압(220V)을 나눈 값인 약 4.5A다.

전력(W)

전력이란 전기로 얼마나 많은 일을 할 수 있는가를 나타내는 양이다. 전류가 1초마다 하는 일을 나타낸다면, 전류의 능률이 곧 전력이며 W(와트)로 표기한다. TV를 켜기 위해 필요한 전력이 100W라는 뜻은 TV의 소비전력이 100W라는 의미로 그 이하의 전력은 TV를 켜지 못한다. 반대로 100W 이상의 전력은 과부하되므로 열이 발생해 터질 수도 있다. 전력(W)은 전압(V)과 전류(A)를 곱한 값이다.

전기 저항(Ω)

전기 저항이란 물체에 전류가 통과하기 어려운 정도, 즉 흐름의 어려움을 값으로 나타낸 것이다. 단위는 Ω(옴) 또는 알파벳 R로 표기한다. 전기 저항이 크면 전류가 잘 통하지 않고 전기 전도율이 낮다.

1Ω은 1V의 전압으로 1A의 전류가 흐를 때의 저항값이다. 따라서 저항값은 물질에 따라 각각 다르다. 은과 구리는 전기 저항이 가장 적은 금속이기 때문에 전선을 만드는 재료로 사용한다. 전기 저항은 길이에 비례하고 단면적에 반비례한다. 즉 도선의 길이가 길면 전자가 지나가야 할 길이 길기 때문에 저항이 크고, 단면적이 넓으면 전자가 이동하기 쉬우므로 저항이 작다. 한 예로 8차선으로 달리다가 4차선으로 차선이 줄어들면 자동차는 병목 현상으로 인해 제대로 빠져나가지 못한다. 이렇게 차선이 줄어드는 현상에 비유해 저항은 길이에 비례하고 단면적에 반비례한다고 이해하면 쉽다.

실전 TIP 전선의 종류와 굵기

여러 가지 종류의 전선이 있으나 그중 가장 널리 사용하는 전선 두 종류를 알아보자.

① HIV 전선

일반 소규모 공사, 빌라, 일반 주택용으로 쓰는 전선으로 화재가 발생하면 유독성 연기를 생성한다.

② HFIX 전선

HIV전선보다 약 배 1.5배 비싼 저독성 전선으로 화재가 발생했을 때 유독성 연기가 발생하지 않는다. 그러나 최근에는 HFIX 전선에 물이 들어가 누전으로 인한 하자 발생 빈도수가 높다는 평이 많아 업체의 선호도가 줄어들었다. 시공 업체는 전선 재료로 인한 하자를 줄이는 것이 우선이므로 하자 발생률을 가장 신경 쓸 수밖에 없다.

전선의 굵기도 생각해야 한다. 일반적으로 전선 굵기는 mm^2 또는 sq(스퀘어)로 표기하는데, 그중 2.5sq를 가장 많이 사용한다. 단, 인덕션과 에어컨은 4sq를 사용하는 것이 좋다. C는 소가닥의 수를 나타내는 단위다. 2C는 일반 단선 전기로 접지선이 없다는 것을 나타내며, 3C 역시 일반 단선 전기지만 접지선이 있는 전기선이다. 예를 들어 2.5sq(mm^2)×3C라고 표기되어 있다면 굵기가 2.5스퀘어에 접지선이 있는 3가닥 전기선이다. 참고로 접지선은 구별이 쉽도록 항상 녹색을 사용한다. 전선의 굵기는 정해진 전기법에 따라 작업하면 된다.

▨ 전선 굵기 표

sq: 전선의 굵기, 단면적

단상(가정용) 220V		삼상(산업용) 380V		부하의 최대전류	정격 전류용량	CV케이블(가공용) 허용전류(A)		
전력(kW)	전선 굵기	전력(kW)	전선 굵기			전선 굵기	2C	4C
2kW	2.5sq	7kW	2.5sq	12A	15A	2.5sq	36A	32A
2kW	2.5sq	9kW	2.5sq	16A	20A	4sq	49A	42A
5kW	4sq	14kW	4sq	24A	30A	6sq	63A	54A
6kW	6sq	18kW	6sq	32A	40A	10sq	86A	75A
7kW	6sq	23kW	10sq	40A	50A	16sq	115A	100A
9kW	10sq	28kW	16sq	48A	60A	25sq	149A	127A
11kW	10sq	35kW	16sq	60A	75A	35sq	158A	158A
14kW	16sq	47kW	25sq	80A	100A	50sq	225A	192A
19kW	25sq	59kW	35sq	100A	125A	70sq	289A	246A
24kW	35sq	71kW	50sq	120A	150A	95sq	352A	295A
29kW	35sq	89kW	70sq	140A	175A	120sq	410A	346A
31kW	50sq	94kW	70sq	160A	200A	150sq	473A	399A
35kW	70sq	106kW	70sq	180A	225A	185sq	542A	456A
39KW	70sq	118kW	95sq	200A	250A	240sq	641A	538A
49kW	95sq	142kW	120sq	240A	300A	300sq	741A	621A

전기도 도선이 굵으면 굵을수록 저항이 작아지므로 더 효율적이다. 그러나 그만큼 재료가 더 많이 사용되므로 비용이 높아진다. 시중에는 다양한 굵기의 도선이 판매되고 있다. 따라서 용도와 가격에 맞는 도선을 선택해서 사용하면 된다.

전기공사 업체 선정하기

보통 전기공사 업체 선정은 시공사에서 한다. 그러나 간혹 건축주 지인의 소개를 받거나 근처의 전기공사 업체가 전기·통신 부분의 시공을 맡아서 작업하는 경우도 있다. 어떤 경우든 전기 면허가 있는 업체를 선정해 작업을 진행한다.

배관공사나 전기공사 작업자는 매일 상주해서 작업을 하는 것이 아니라 공정별로 필요할 때마다 현장에 와서 작업을 진행한다. 이로 인해 종종 배관공사나 전기공사 작업자의 근무 태만과 부주의로 공사가 중단되는 경우도 있다.

설비공사와 함께 진행되는 골조공사의 경우 형틀 목수와 철근 작업자가 있으며 이들과 함께 상하수도 배관, 전기공사 작업자들이 협업해서 골조를 한 층씩 올린다. 형틀 목수나 철근 작업자는 팀으로 운영이 되기 때문에 한 명 정도 작업에 불참해도 작업을 진행하는 데 큰 지장은 없다.

그러나 설비나 전기 공사를 하는 업체들은 꼬마빌딩 기준으로 1인 기업인 영세 하청 업체가 시공을 맡는 경우가 대부분이다. 그러다 보니 이 현장 저 현장을 혼자 뛰어다니며 일을 처리하느라 현장의 스케줄이 겹쳐 작업 진행에 차질을 일으키는 경우가 있다. 이들이 차지하는 공사 비중은 작지만, 서로 협업해야 하므로 설비 및 전기 작업자가 빠지면 작업을 진행할 수가 없다.

현장에서는 설비 기사나 전기 기사의 동태를 파악하는 것도 관리자로서 해야 할 일이다. 일이 겹쳐서 못 나오는 경우 다른 작업자로 빠르게 대처할 수 있도록 항상 준비해야 한다. 관리자는 수시로 설비, 전기 기사와 소통하며 작업 스케줄을 관리하는 것이 매우 중요하다.

접지선 작업

기초공사가 끝났을 때로 돌아가보자. 기초공사가 끝나고 가장 먼저 작업해야 할 부분은 접지선 매립이다. 접지란 전선을 땅에 연결하는 것으로, 전선에 흐르는 전류로 인한 감전 사고를 예방하기 위해 매우 중요하다. 그러나 현장에서는 접지선 작업을 소홀히 취급하는 경우가 많다. 간혹 전기공들이 필요도 없는 접지는 왜 하나며 쓸데없는 작업으로 사람을 피곤하게 한다고 불평을 하곤 한다. 옛날에는 접지 없이 건물도 잘 지었고 지금까지 사고 없이 건물을 잘 사용하고 있다는 식이다. 그러나 이 말은 운전할 때 안전벨트를 왜 매야 하냐고 묻는 것과 같다. 혹시나 발생할지 모르는 사고를 예방하기 위해 안전벨트를 착용하는 것처럼, 접지선을 설치하지 않는다는 것은 위험한 발상이다. 인명 피해와 기계 손상을 예방하려면 꼭 설치해야 한다.

접지는 1종·2종·3종 접지가 있는데 440V 이하의 건물은 3종 접지를 설치한다. 5층 이하 건물은 대부분 3종 접지 작업을 하면 된다. 3종 접지를 설치하고 나서 측정 계량기에 0~100Ω 이하로 나오면 조건을 충족한 것이다. 접지선은 다른 선과 구

접지선 측량기와 측량값

분하기 위해 반드시 녹색 선을 사용한다.

일반적인 접지선 작업 과정을 살펴보자. 땅속 750~1000mm 깊이에 1m 접지봉을 1m 간격으로 2~3개 묻는다. 지하 동결선까지 묻는 것이 가장 좋다. 우리나라는 사계절이 뚜렷하고 지하와 지면 온도의 편차가 크며 수분량 차이도 심하다. 따라서 가능한 한 땅속 깊이 묻어야 일정한 접지 저항값을 유지할 수 있다.

땅이 메말라 있거나 암반일 경우 접지 저항값이 100Ω 이하로 나오지 않을 때가 있다. 이때 작업자가 소금을 뿌려 저항값을 낮추는 경우가 있는데 이건 매우 위험한 작업이다. 화학 소금은 접지의 전극을 부식시키므로 이런 작업은 절대 금물이다. 도저히 저항값을 낮출 수 없어 부득이하게 사용해야 한다면 화학 소금이 아니라 벤토나이트(bentonite)를 사용한다.

접지는 함수율(수분이 포함된 비율)과도 밀접한 관계가 있다. 함수율이 높으면 접지 전극의 부식이 빨라지는데, 동 재질의 판이나 봉은 땅속에

▥ **접지선 작업**

서 4~5년이 지나면 부식된다. 이때부터 접지의 역할은 감소하며 약 10년 후면 접지 기능이 소멸한다. 따라서 일반적으로 건물 완공 후 10년 정도 지나면 접지선을 재시공해야 한다.

지하 동결선 밑까지 땅에 접지선을 연결하고, 접지봉 두 군데를 동결선 아래로 박은 다음 연결한다.

실전 TIP 전선관의 종류와 특징

전선관은 크게 두 가지를 사용한다. 내부용으로는 CD관, 외부용은 ELP관이 널리 사용되나 내부용과 외부용 모두에 ELP관을 사용하기도 한다. 현장에서는 ELP관을 더 많이 사용한다.

CD관(왼쪽)과
ELP관(오른쪽)

CD관이든 ELP관이든 중요한 것은 난연관(불이 잘 붙지 않는 재질의 전선관)인지를 확인하는 것이다. 난연관이라고 표기되어 있어도 현장에서 보면 실제 난연관이 아닌 제품이 많으므로 꼭 확인한다. 난연관을 확인하는 방법은 토치로 불을 붙여보면 된다. 난연관은 농이 떨어지면서 더는 불이 붙지 않는다.

소비전력의 중요성

건물이 완공되면 외부 변압기에서 건물에 사용할 전력을 한전과 계약한다. 이를 계약전력이라고 한다. 계약전력량×450시간(15시간×30일)을 하면 최대 전력량이 나온다. 예를 들어 한전과 계약한 전력량이 3kW라고 가정하면 3kW×450시간=1,350kW가 최대 전력량이다.

이를 초과하면 추가 요금이 부과된다.

따라서 계약전력을 얼마로 해야 하는지 알려면 최대 사용 전력을 파악해야 한다. 각 층의 최대 사용 전력을 추정하려면 각 층의 소비전력량을 측정해야 하고, 각 층의 소비전력량을 측정하려면 각 층에서 소비할 전기제품이 무엇인지 알아야 한다. 일반적으로 모든 전기제품에는 소비전력량이 기재되어 있으므로 사용하는 전기제품의 소비전력을 모두 더하면 최대소비전력량을 추정할 수 있다.

각 가전제품에 필요한 소비전력량은 인덕션 3,400W(국내) / 7,400W(해외 제품), 에어컨 1,900W(가정용), 세탁기 1,850W, 식기세척기 1,800W 등이다. 제품마다 다르므로 사용하고자 하는 제품들의 소비전력량을 확인한 뒤 더한다.

이러한 과정을 거쳐 최대 소비전력이 나오면 한국전력에 기본 전력을 신청한다. 예를 들어 최대 소비전력이 2,000kW가 나왔다면 기본 전력은 2,000kW에서 450시간을 나눈 = 4.444…kW이므로 기본 전력으로 5kW를 신청하면 된다.

기본 전력을 증설할 때는 1kW당 96,000원 정도가 든다.(2021년 서울 기준) 일반적으로 5층 건물일 경우 건물까지 인입해서 들어오는 최대 전력량을 75kW로 계약한다. 75kW를 초과해 계약할 경우, 전기 안전 관리사가 필요하기 때문이다.

경제성과 편의성을 따져 75kW를 기준으로 판단하면 된다. 75kW를 건물로 인입하면 1~5층까지 나눠 분배하고, 분배량에 따라 전선을 배선한다.

일반적으로 1층은 상가로 사용하므로 전기 사용량을 많이 배정하는 경우가 많다. 1층 상가는 최소 25kW 정도는 배정해야 어느 상가가 들어와도 사용하는 데 지장이 없다. 나머지 50kW를 2~5층까지 적당히 분배한다.

사소하지만 중요한
스위치와 콘센트

스위치 위치는 문 옆으로 선정하는 것이 일반적이지만, 계단은 올라갈 때 켜고 올라가서 끌 수 있는 3로 스위치를 달아주면 편리하다. 스위치가 필요 없는 곳은 센서 등으로 대체하는 것이 효과적이다. 이때, 스위치가 있는 등과 센서 등의 위치를 잘 파악해서 설치해야 한다. 전기 배선이 마무리되었는데 등의 종류를 교체하고 싶다면 문제가 되기 때문이다.

센서 등에서 스위치 등으로 바꾸는 일이 그렇게 큰 문제냐고 말할 수도 있지만 생각보다 간단한 문제가 아니다. 등 하나 바꾸려면 전기 배선을 다시 작업해야 하기 때문이다. 단순히 등 하나가 연결된 배선이면 간단하게 재배선을 해서 바꿀 수 있지만, 다른 배선과 연결이 되어 있다면 연결된 배선을 모두 다시 작업해야 하므로 생각보다 일이 커지는 경우가 많다.

등 하나만 잘못 결정해도 그 등 때문에 재작업을 해야 하고, 이런 재작업이 많아지면 당연히 추가 공사비가 계속 청구된다. 그러므로 설계할 때 모든 과정을 최대한 세밀하게 확인해 변경이 없는 설계 도면을 만드는 것이 추가 공사비를 없애는 가장 좋은 방법이다.

천장 등은 가능하면 높게 달지 말아야 한다. 천장 등을 높게 달면 교체할 때마다 따로 작업자를 부르기도 번거롭고, 스스로 교체하기엔 위험하기 때문이다. 특별한 이유가 없다면 굳이 불편함과 위험에 노출될 필요가 없다.

외부 등은 가능한 한 적게 설치하는 것이 좋다. 특히 외부 마감 자재가 스터코(263쪽 참고)로 작업되어 있으면 스터코 벽에는 외부 등을 가급적 설치하지 않는다. 먼지와 빗물 때문에 스터코가 심하게 오염될 수 있다.

분전반

콘센트는 보통 2구와 4구를 설치하는데 가능하면 4구 설치를 권장한다. 최근에는 가정과 사무실을 막론하고 다양한 전자제품이 있어 더 많은 콘센트가 필요하다. 특히 사무실로 사용할 층은 천장과 바닥에도 콘센트 설치를 권장한다.

전력량이 높은 가전제품을 설치할 때는 안전하게 단독 배선 및 단독 콘센트를 설치한다. 콘센트도 사용전력량에 따라 다르므로 용량에 맞는 콘센트를 설치한다. 예를 들어 4구 수입산 인덕션(7,400W)을 설치한다면 최소 30A 정도의 콘센트를 설치한다.

스위치나 콘센트는 모두 같은 높이로 설치하는 것이 이상적이다. 전기 스위치나 콘센트, 등도 인테리어의 한 부분이다. 최근에는 분위기를 돋보이게 하는 멋진 디자인의 등과 콘센트가 시중에 많이 판매되고 있으니 잘 선택해서 인테리어에 도움이 되도록 한다.

자동문, 인터폰, 화장실 환풍기, CCTV, 화재경보기, 온도조절기, 전기차 충전기 등 여러 가지 기계를 설치할 때 전기는 필수이므로 전기관을 미리 빼놓는 것도 좋다. 덧붙여 모든 전기 배선은 단열재 안에서 이루어져야 한다. 전기공사 때문에 단열이 파괴되어 결로가 생기는 경우가 있다.

실전 TIP 분전반의 구조

흔히 두꺼비집이라고 불리는 분전반을 처음 매입하면 삼상 전기선이 들어온다. 삼상이란 3선으로 380V 산업용 전기를 말하며, 단상은 2선으로 가정용 전기 220V다. 분전반은 380V가 들어와서 220V로 분배되는 구조다.

배전반에서는 건물에 인입된 전기를 각 층별로 분리하는 작업을 한다. 배전반에서 전기가 나와 각 층별 또는 세대별로 인입되면 다시 각 층별 또는 세대별 분전반으로 전기가 인입된다. 분전반은 여기에 각 부하별로 분리한 다음 전기를 공급해준다.

전기설비에 콘크리트 타설 시
주의 사항

콘크리트를 타설할 때 전기관과 콘센트에 과도한 바이브레이터(vibrator) 작업을 하는 경우가 많다. 바이브레이터란 타설한 콘크리트를 골고루 퍼지도록 진동을 주는 기계다. 과도한 바이브레이터 작업은 결국 전기관이나 콘센트를 파손해 엉망으로 만들며, 거푸집을 해체해 다시 재시공을 해야 하는 경우가 종종 발생한다. 이때 현장에서는 해체 작업(까대기)을 해서 배관을 다시 매입한다.

그러나 콘크리트가 골고루 퍼지지 않으면 아래 사진처럼 층고가 높은 벽체를 타설할 때 분전반 주위에 콘크리트 타설이 제대로 되지 않아 벽이나 기둥에 콘크리트 타설이 비어 있는 부분이 생기는 것을 볼 수 있다.

이런 일을 방지하려면 거푸집 설치를 마친 형틀 목수가 거푸집 위에 분전반 설치 자리를 큰 글씨로 표시해야 한다. 그래야 나중에 타설할 때 타설공이나 전기공들이 이를 미리 알고 꼼꼼하게 망치로 두들겨 타설이 골고루 퍼지게 작업할 수 있다.

■ 바이브레이터 작업

■ 콘크리트 타설이 제대로 되지 않은 분전반 주변

외부 고압선 피복 작업은 필수

건축물이 3층 이상 올라가면 외부에 있는 고압선
이 눈앞에 어른거린다. 특히 크레인으로 물품을 올
릴 때 고압선이 눈에 거슬릴 때가 많다. 잘못 건드려
서 고압선이 절단되거나 문제가 발생하면 책임은 건
축주에게 있다. 물론 거기에서 파생되는 손해배상도
건축주가 부담한다. 그러므로 건축물이 3층 이상 작
업되면 한전에 신고해서 고압선 피복을 신청하는
것이 좋다. 호미로 막을 것을 가래로 막지 말고 미
연에 사고를 대비한다.

고압선 피복 작업

전기공사 체크포인트

☐ 스위치나 콘센트, 분전반 종류를 체크한다.

☐ 선의 굵기를 확인한다. 일반적으로 2.5sq를 사용한다.

☐ 1층 상가에는 삼상을 사용할 수 있게 전선을 미리 빼놓는다.

☐ 에어컨과 같은 높은 전력량이 필요한 제품은 단독 배선으로 처리한다.

☐ 전기 업체에 면허가 있는지 확인한다.

☐ 접지와 피뢰침 설치를 확인한다.

☐ 타설 시 분전반 자리를 거푸집에 표시했는지 확인한다.

☐ 외부 고압선에 피복 작업을 신청한다.

전기설비 시공

#1 철근을 정착하기 전에 전기공사할 부분을 사전에 확인하고 위치를 표시해둡니다. 철근 정착 후에 전기 배선 공사를 정확하게 하려면 철근 정착 전에 꼭 점검해야 합니다.

#2 2층 바닥 전기 배선을 위해 전기 작업자들이 빨강, 노랑, 초록, 파랑 등 색깔을 구분해 작업을 하고 있습니다. 형형색색으로 철근과 같이 깔린 선들이 전기선입니다.

#3 바닥 슬래브 전기관을 작업할 때는
사진처럼 전기관을 하부 철근과 상부
철근 사이로 작업을 해야 합니다. 잘못
된 전기관 작업은 하부 철근 밑으로 전
기관이 설치되어 있습니다.(155쪽 참고)

#4 목수들이 벽체를 세우고 단열재까지 이미 작업을 마쳤는데, 이 자리에 전기
배전반이 두 개나 들어가야 하는 문제가 발생했습니다. 작업한 벽체와 단열재를
다시 모두 뜯어내고 전기공사를 하고 있습니다. 여러 다른 작업이 동시에 이루어
지므로 작업자들의 불만을 막고 시간과 비용을 낭비하지 않으려면 이처럼 빠뜨
리는 공정이 없는지 계속 확인하며 작업해야 합니다.

#5 로비 키폰의 위치를 변경해야 해서 작업하고 있습니다. 단순히 위치를 오른쪽에서 왼쪽으로 옮기는 일이지만 작업은 쉽지 않습니다. 단열재를 뜯고 콘크리트를 판 다음, 전기 배관을 다시 넣어야 하기 때문입니다. 작업이 끝난 후 설계가 변경되면 힘들고 번거로우니 작업 전 준비 작업이 가장 중요합니다.

#6 전기 작업자가 각 층의 분전반 작업을 하고 있습니다.

단열공사

단열이란?

단열이란 물체와 물체 사이에 열이 통하지 않게 차단하거나 흐름을 낮추는 것이다. 열은 전도, 대류, 복사를 통해 이동한다. 단열재는 열 흐름을 차단하거나 낮추기 위해 쓰는 재료, 즉 부도체를 말한다. 건축 단열재의 종류는 매우 다양하다.

저항형 단열재

저항형 단열재는 열전도 자체를 막는 단열재로 석면이나 유리섬유, 유리 등이 있다. 창호에서 이중창, 삼중창을 사용하는 것도 저항형 단열재의 예다. 열전도 자체를 막아 단열 효과를 극대화하려고 사용한다.

세포형 단열재

우리가 알고 있는 스티로폼이 대표적인 제품이며 기포형 단열재라고도 부른다. 스티로폼 외에 페놀폼, 경량 기포 콘크리트(ALC. Autoclaved Lightweight Concrete) 등이 있다. 세포형을 다시 재질로 분류하면 무기질과 유기질로 나눌 수 있다. 무기질 단열재로는 글라스 울, 미네랄 울 등이 있으며, 유기질 단열재로는 비드법, 압축법, 우레탄 폼, E보드 등이 있다.

　세포형 단열재는 내구성이 약하고 물을 흡수하는 성질이 있다. 물을

흡수하면 단열 성능이 급격히 떨어지므로 물리적 보완 대책을 마련하고
방수 처리를 보강해야 한다.

① 글라스 울(Glass wool)

고온에서 폐유리를 녹여 만든 제품이다. 시공이 간편하고
저렴하며 불연재이나 습기에 약하므로 주로 내단열에 쓰인
다. 목조 주택에 많이 사용한다.

② 미네랄 울(Mineral wool)

인조 광물 섬유 단열재라고도 한다. 고온에서 규산 칼슘계
의 광석(mineral)으로 만든다. 저온에서 고온까지 폭넓게 사
용할 수 있어 산업용으로 많이 사용한다. 시공이 간편하지만
습기에 의한 곰팡이가 잘 생기므로 주로 내단열에 쓰인다.

③ 비드법 단열재(EPS)

세포형 단열재의 일종으로 스티로폼이 비드법 단열재 제품
이다. 흔히 EPS라고 부르며 작은 플라스틱 알갱이를 수증
기에 발포시켜 만든다. 발포 크기와 밀도에 따라 1등급부터
4등급까지 나뉜다. 1등급이 밀도가 가장 높으며 밀도가 높
다는 것은 그만큼 단열이 잘된다는 뜻이다.

　비드법에는 1종과 2종 두 종류가 있다. 1종은 흰색으로
가공 및 설치가 간편해 주로 건설 현장에서 사용한다. 하지
만 고온과 불에 약해 건설 현장에서 용접할 때 불똥이 스티
로폼에 번질 수 있어 위험하다. 뉴스에서 종종 보는 큰 화재
사고의 주요 원인이기도 하다. 2종은 회색이며 1종의 단점
을 보완했다. 탄소 알갱이를 첨가해 단열을 강화하고 복사

열에 대한 축열 효과를 보강한 것이다. 대표적인 제품으로는 네오폼, 에너포르, 제로폴 등이 있다.

④ 압축법 단열재(XPS)

XPS 역시 세포형 단열재에 속하며 분홍색을 띤 아이소핑크가 대표적인 제품이다. 단열, 밀도, 성능이 EPS보다 월등하나 가격은 약 2배 정도 비싸다. EPS를 압축해서 만들었다고 생각하면 이해하기 쉽다. 수분을 흡수하는 성질이 없어 지하 외벽이나 바닥 단열재로 적합하다. 단, 이음새 부분에 열교 현상이 발생할 수 있어 시공 시 틈새를 우레탄 폼으로 충진해 꼼꼼히 처리해야 한다. 콘크리트와의 접착력이 약하므로 콘크리트와 함께 사용하지 않는다.

⑤ 반사형 단열재

열반사 단열재가 대표적인 제품으로, 에틸렌 발포 수지에 은박지를 붙인 형태의 단열재다. 얇고 유연해 발코니나 창틀, 좁은 공간에 주로 사용한다. 그러나 단열 성능이 약해 다른 단열재와 혼합해 사용해야 한다.

이외에도 우레탄 폼 단열재로 수성 연질 폼 단열재와 경질 우레탄 폼 단열재가 있다. 단열재 종류는 굉장히 다양하니 상황에 맞는 좋은 자재를 사용해 시공한다.

실전 TIP 열교 현상(heat bridge)이란?

구조체(철근 콘크리트)와 단열재가 만나는 지점은 단열 성능이 현저히 떨어지는 곳이다.
이곳에 결로, 열 손실, 곰팡이가 생기는 것을 열교 현상이라고 한다.

단열재 공법

단열재 공법은 외단열, 내단열, 중단열의 3가지가 있다.

외단열

외단열은 단열재로 건물 전체를 감싸는 공법이다. 건물 전체를 감싸기 때문에 열교 현상이 나타나지 않고 내부에 습기가 차는 결로 현상도 적다. 그러나 외부 작업을 하기 때문에 시공 단계에서 숙련된 작업자들이 필요하고, 공사비가 내단열보다 많이 든다. 단열 성능이 매우 우수하므로 시공사 대부분이 선호하는 공법이다.

외단열 공법으로 단열 처리를 하면 내단열보다 실내 공간도 더 넓다. 건축법상 내력벽 중심선부터 실내 공간 면적으로 인정하기 때문에 내단열 두께만큼의 실내 공간을 추가로 확보할 수 있다. 큰 차이가 아니라고 생각할 수도 있지만, 일반적으로 내단열 두께가 10cm라면 이 두께가 사방으로 늘어난다. 이것을 전체적으로 계산하면 면적 차이가 생각보다 꽤 크다.

내단열

내단열은 건물 안쪽에 단열재를 붙이는 공법이다. 실내에서 작업하기 때문에 날씨가 좋지 않아도 작업할 수 있다는 장점이 있다. 그러나 구조체와 구조체가 만나는 지점인 벽과 기둥, 기둥과 보, 지붕과 벽의 경계 부분 등에서는 단열이 끊기면서 열교 현상이 일어난다. 공사비는 외단열보다 저렴하다. 단, 내부를 노출 콘크리트 공법으로 작업할 때는 내단열 공법을 사용할 수 없다.

내단열

외단열

중단열

중단열

중단열은 벽체 중간에 단열재를 넣고 시공하는 방법이다. 내단열과 외단열 공법의 단점을 보완하면서 장점은 살린 공법이다. 단열이 우수하며 골조와 단열공사를 같이 진행할 수 있다. 주택일 경우 중단열 공법을 사용하면 훌륭한 단열 효과를 볼 수 있다. 그러나 철근 콘크리트 구조의 건물에는 아직 검증이 덜 된 상태이고 비용도 훨씬 많이 든다. 시공사들도 이 공법에 익숙하지 않아 실제로 시공하는 경우는 많지 않다.

단열재 품질 vs
단열재 시공 능력

단열의 수준을 결정하는 것은 전적으로 시공에 달려 있다. 단열은 무조건 기밀 시공이 기본이다. 틈새 하나 없이 꼼꼼히 작업하는 기밀 시공이 가장 중요하며, 특히 공사가 끝난 후 창틀 사이를 비롯해 보이지 않는 틈새를 빠뜨리지 말고 시공해야 한다.

아무리 단열 성능이 우수한 제품을 사용한다고 해도 시공이 잘못되면 겨울에 춥고 여름에 더운 생활을 견디며 살아야 한다. 완벽하게 시공했다고 해도 어디선가 곰팡이가 생기고 습기가 차면 정말 난감하다. 시공하면서 매번 구석구석까지 테스트할 수도 없는 상황이니 건축주 입장에서는 답답할 노릇이다.

유일한 해결책은 건축주가 시공 과정을 가능한 한 꼼꼼히 챙기는 것이다. 오로지 최선을 다해, 꼼꼼하게, 빠뜨리지 말고, 철저히 시공하는 수밖에 없다. 단열재를 시공할 때 현장 관리자는 옆에 총처럼 분사형 우레탄 폼을 차고 다니면서 틈새가 있는 곳마다 충진(채워 넣음)해야 한다. 틈새를 발견하는 즉시 충진하지 않으면 나중에 찾기가 쉽지 않고, 바쁘다 보면 잊어버린 채 그냥 지나간다. 바로 조치하지 않으면 나중에 그 부분에서 열교 현상이 일어난다. 바늘구멍에 황소바람 들어온다는 속담이 있다. 단열재를 작업할 때는 이 말을 깊이 새기고 '기밀 시공만이 최선의 단열 공법'이라는 철칙을 명심해야 한다.

▦ 단열재 부실시공 사례   ▦ 단열재 틈을 우레탄 폼으로 꼼꼼히 막은 모습

실전 TIP **단열에 비용을 아끼지 말자**

건물을 지으면서 꼭 비용을 더 써야 한다면 단열에 지불하라고 한다. 건축비를 싸게 해 달라고 요구하는 건축주는 있어도 기밀 시공을 위해 비용을 더 준다는 건축주는 아직 만나본 적이 없다. 엄밀히 따지면 이 비용은 얼마 들지 않는다. 인건비 외에는 들어갈 비 용이 없다. 이틀분의 인건비만 지불하면 된다. 아무리 비싸도 100만원이면 충분하다. 시 공사 눈치 보지 말고 비용을 지불해 단열 성능을 높이는 것이 현명한 방법이다.

시공사가 해야 할 일을 왜 비용을 지불하면서 하냐고 물으면 할 말은 없다. 공사비가 높게 책정되었다면 시공사가 알아서 잘해주겠지만, 일반적으로 공사 단가는 경쟁이 치 열하기 때문에 높은 단가로 계약이 체결되지 않는다. 특히 건축주는 저렴한 건축비를 요 구할 텐데, 세세한 부분까지 기밀 시공을 요구하는 것은 건축주의 막연한 바람이자 욕심 이다. 그러므로 비용이 들어갈 때는 과감히 지불하고 내구성이 좋은 건물을 짓는 것도 현명한 선택이다. 특히 단열은 적은 비용으로 큰 이득을 볼 수 있는 공정이다.

물론 자재의 품질도 매우 중요하다. 단열재 제품의 비용만큼은 아끼지 말고 좋은 제품을 선택해야 한다. 다른 공정과 다르게 단열재는 한 번 작 업하면 건물이 철거될 때까지 사용한다. 건물을 지을 때 값싸고 질이 낮 은 제품을 사용했더라도 나중에 교체할 수 없다. 건물을 다시 짓지 않는 이상 단열재 교체는 불가능하다. 단열재는 제일 좋은 제품을 사용하길 바란다.

참고로 단열재 두께가 두꺼울수록 좋은 것만은 아니다. 미국 에너지부 의 자료에 따르면 단열 효과가 높아지는 최대 두께는 17cm이다. 그러니 17cm 이상의 두꺼운 단열재는 사용할 필요가 없다. 그 이하의 질 좋은 단열재를 선택하면 된다.

단열재 시공 과정에서의 주의점

외부 마감재에 따라 단열재 선택이 바뀔 수 있다. 건식 마감재(벽돌, 석재, 판넬 등)일 때는 어떤 단열재를 사용해도 무방하다. 시공할 때 외벽(철근 콘크리트)에 구조재(철물이나 앵커)를 심는다. 심은 구조재 위에 마감재를 올려놓는다. 이때 구조재를 심기 위해 단열재에 구멍을 뚫어 시공한다. 마감재 시공이 끝나면 단열재에 구멍을 낸 부분을 우레탄 폼으로 틈새 없이 일일이 막아줘야 한다. 그러나 현장에서는 이를 소홀히 하는 경우가 많다. 이러면 아무리 좋은 단열재를 사용해도 소용이 없다.

한편 구조재를 작업할 때는 용접을 하는데, 이때 단열재인 스티로폼에 불똥이 튀지 않도록 현장에서 철저히 감독한다. 단열재 제품도 가능하면 난연성이 높은 제품을 사용해 화재로 인한 사고를 방지해야 한다.

습식 마감재(스터코, 파벽돌 등)는 바로 마감 처리를 하기 때문에 외벽과 잘 밀착되고 접착성이 뛰어난 제품을 선택해야 한다. 외벽 전체가 뜯어진 아파트를 종종 볼 수 있는데, 이는 접착 부실시공으로 인한 것이다.

결로 현상

단열이 부실하면 바로 결로 현상이 생긴다. 결로 현상이란 내부의 습기가 외부의 찬 공기를 만나면서 이슬이 맺히는 현상이다. 건물 틈새로 들어오는 바람에는 크게 두 종류가 있다. 외부 공기가 실내로 들어오는 것을 침기(웃풍)라고 부르며, 실내 공기가 외부로 빠져나가는 것을 누기라고 한다.

결로 현상은 누기와 밀접한 관련이 있다. 건물 내부의 공기가 밖으로 나갈 때 실내 습기가 같이 빠지면서 결로가 생긴다. 흔히 아파트 주민들이 결로 현상으로 관리실에 문의하면 환기를 자주 하라고 말하는 것은 바로 이 원인을 줄이라는 뜻이다. 결로 현상은 구조체를 손상하고 건물에 여러 나쁜 영향을 미친다. 이를 해결하려면 내부에 방습층 시공을 해야 한다.

100% 단열은 없다. 건물은 스스로 호흡할 수 없기 때문에 인간의 도움을 받아 호흡해야 한다. 이 말은 사람이 관리해야 한다는 뜻이다. 공기

순환이 결로를 방지하는 데 도움이 되므로 수시로 창문을 열어 환기를 해야 한다. 춥다고 항상 창문을 닫고 생활하면 결로가 쉽게 생긴다. 단, 너무 자주 환기하면 열 손실이 발생하므로 적정선을 지키도록 한다.

예를 들면 실내온도가 20도, 외부온도가 0도일 때 결로점은 9도이다. 빠져나가는 습기가 단열재를 통과하는 과정에서 9도가 될 때 결로가 생긴다는 뜻이다. 온도가 약 12도로 오르면 그때부터 결로가 발생한 곳에 곰팡이균이 번식한다.

아래 그림은 건물의 전체적인 단열 구조를 나타낸다. 외기 직접 부위는 외부 공기층에 직접 노출되는 부분을 말하며, 외기 간접 부위는 난방이 없는 공간을 거친 뒤 외부 공기에 노출되는 부분을 말한다. 단열재는 이러한 단열 구조를 고려해 시공하게 된다.

최근에는 건축법으로 단열재 사용을 엄격하게 규제하고 있다. 법 규정에 따라 단열재의 두께와 열관류율(247쪽 참고)이 지켜지고 있으나 이 규

▥ **건물의 단열 구조**

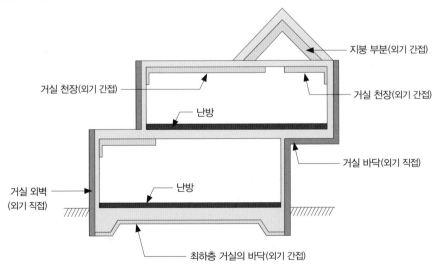

정은 단열재 '제품'에만 적용된다. 즉 제품을 규정에 맞춰 사용하더라도 시공 후 이 규정에 맞는 수치가 나온다는 보장이 없다. 시공 후에는 수치를 파악할 방법도 없다. 따라서 단열은 시공 단계에서 모든 것이 결정된다. 나중에 단열로 인한 문제가 생기지 않으려면 시공에서 철저한 관리 감독으로 기밀성을 확보하고 끊임없이 확인하는 방법밖에 없다.

사소한 틈도 허용되지 않는 단열공사

#1 벽체 부분에 단열재를 붙인 뒤 폼으로 단열재 이음 부분을 빈틈없이 막았습니다. 단열재와 단열재 사이에 벌어지고 틈이 생긴 부분도 폼으로 막습니다.

#2 원래 단열재와 단열재 사이는 콘크리트를 타설할 때 콘크리트가 자동으로 메워주기 때문에 위와 같이 폼으로 일일이 막지 않는 것이 일반적인 관행입니다. 그러나 콘크리트가 단열재와 단열재 사이를 채우는 것은 그저 틈새를 막는 것일 뿐, 단열 작용이 있는 것은 아니므로 단열 효과를 극대화하기 위해 틈새를 일일이 분사형 우레탄 폼으로 막는 것입니다.

#3 목수가 안쪽 벽체를 세웠습니다. 안쪽 벽을 세우기 전에 바깥쪽과 안쪽을 연결하는 타카핀을 꽂습니다. 이 타카핀을 제대로 꽂아야 하는데 힘을 너무 가해 핀 자리에 주먹만 한 구멍이 났습니다. 이렇게 되면 단열이 제대로 되지 않습니다. 구멍은 폼으로 꼼꼼히 막아줍니다.

#4 슬래브(바닥)를 치고 단열재를 깔려고 준비했습니다. 베란다 단열재는 150mm짜리를 사용합니다. 우레탄 단열재는 일반 단열재보다 자르기가 어렵습니다. 일반 단열재는 열선으로 쉽게 자를 수 있지만 우레탄 단열재는 톱으로 나무를 자르듯이 일일이 잘라야 합니다.

#5 스터코 작업자가 계단, 4층 벽, 5층 벽에 단열재를 부착하고 있는 모습입니다.

#6 4층과 5층 벽의 단열재 작업이 완료되었습니다.

방수공사

방수공사는 하기 나름

방수는 말 그대로 물이 내부로 스며들지 않도록 처리하는 것이다. 물만 안 스며들게 하면 되는 작업이니 듣기에는 매우 간단한 공정처럼 느껴질 수 있다. 그러나 방수 작업에 사용하는 방수재의 종류는 수없이 많고, 방수 공법도 여러 가지다. 작업자에 따라서도 각자 자신의 경험을 토대로 선호하는 다양한 작업 스타일이 있다.

그래서 방수는 다른 공정보다 숙련공과 비숙련공의 차이가 훨씬 뚜렷하게 나타나는 작업이다. 일반적으로 방수 숙련공은 20년 이상 작업한 전문가다. 숙련공은 대개 자신의 공법이 대한민국에서 가장 뛰어나며 자기가 가장 잘한다는 자부심이 있다. 거꾸로 해석하면 방수 공법에는 뚜렷한 정답이 없고, 각자 고유의 방법으로 일을 한다는 것이다.

방수는 공사 위치와 부위, 작업 환경 등 여러 요건에 따라 공법이 다르다. 창틀, 외벽, 화장실 방수는 주로 액체 방수·침투 방수·인젝션 방수·코킹 방수 공법으로, 옥상 바닥 및 지붕은 주로 우레탄 도막 방수·시트 방수·메탈 방수 공법으로 작업한다.

어떤 공법으로 작업하든 방수는 작업자의 기술과 경험이 가장 중요하다. 각 상황에 맞게 가장 적절한 공법을 선택해 시공해야 한다. 예를 들어, 우레탄 도막 방수를 할 때 벽체용 방수재를 사용해 작업한다면 당연히 문제가 발생한다. 바닥재용과 벽체용으로 나온 방수재가 다른데, 어떤 작업자들은 바닥 방수공사를 하면서 그대로 벽을 같이 작업하기도 한다. 전체 벽체를 전부 방수하는 경우라면 따로 벽체용 방수재를 사용해 작업하겠지만, 50cm 정도 높이의 소규모 벽체 작업을 하는 경우는 작업자가 귀찮아서 그냥 바닥재용 방수재를 사용하는 경우가 있다. 물론 부분적으로는 방수가 될지 몰라도, 적절한 제품을 사용한 것이 아니므로 시간이 지나면 방수층이 깨질 가능성이 매우 높다. 벽체용 방수재는 바닥재보다 슬럼프(묽기 정도)가 작아 잘 흘러내리지 않고 밀착되어 방수가 되지만, 바닥용은 벽체에 밀착되어 굳기 전에 흘러내리므로 방수 기능이 떨어지기 때문이다. 이처럼 방수는 용도에 따라, 각 공정에 따라 방수 공법과 쓰이는 방수재가 다르다. 특히 작업자의 능력에 따라서는 효과 차이가 80% 이상 나는 작업이다.

1회 방수보다 2회 방수가, 2회 방수보다는 3회 방수가 성능에서 월등히 차이가 난다. 즉 한 번 두껍게 작업하는 것보다 두 번, 세 번 얇게 공사하는 것이 훨씬 좋다. 그러나 많이 할수록 무조건 좋은 것도 아니다.

▥ 화장실 방수 검수 작업

상황이 여의치 않아 한 번을 하더라도 알맞은 시공법과 적절한 방수재를 선택해 정확히 시공하는 것이 중요하다.

다른 공정과 달리 방수는 바로 물을 담아 검수(檢修)를 꼭 해야 한다. 특히 화장실의 경우는 1차 방수를 하고 나서 하루 정도 물을 담아두고 검수해야 한다. 공정에 쫓기다 보면 검수하지 않고 바로 2차 방수를 하는 경우가 종종 있는데 이는 금물이다.

거듭 강조하지만 철저하게 검사하는 것이 비용 면에서도 더 저렴하다. 잘못 작업해 방수층이 깨지면 다시 방수층을 형성하는 작업이 매우 어렵다. 그래서 건물을 처음 지을 때 작업한 방수층이 가장 중요하다.

방수 시공을 할 때
꼭 확인해야 할 8가지

1. 구배(기울기)

구배(기울기)를 잘 주면 일단 80%는 방수된 것이다. 물은 위에서 아래로 흐른다. 대개 누수는 물이 고여 발생하므로 물매를 잘 내주기만 해도 물은 고이지 않는다.

건축법으로 주변 건물들이 일조권을 확보할 수 있도록 건축물의 높이를 제한하는 일조권 사선 제한(40쪽 참고)으로 인해 보통 3층 이상(9m)부터 넓은 발코니가 생긴다. 발코니나 옥상 콘크리트를 타설할 때 물매만 잘 잡아도 자동적으로 방수가 되므로 타설할 때 작업자가 꼼꼼하게 시공하도록 해야 한다. 현장에서는 물매를 잘 잡고 크랙이 생기지 않도록 특수 손 미장이나 기계 미장을 한다.

특수 손 미장은 현장에서는 누름 작업이라고도 한다. 타설 후 흙손으로 콘크리트를 눌러주는 작업을 하는 것이다. 적어도 3번 이상은 시간

여유를 두고 미장을 한다. 콘크리트가 양생되는 모습을 보면서 눌러줘야
한다. 타설이 끝나고 하는 작업이므로 밤늦게까지 작업을 하는 경우가
많다. 특수 손 미장 작업의 목적은 콘크리트 위에 방수층을 시공한 뒤 방
수층을 보호하고, 방수층이 들뜨는 것을 방지하는 것이다. 큰 현장에서
는 기계로 하지만 꼬마빌딩 같은 작은 현장에서는 전문 작업자가 직접
작업한다.

2. 방수재

콘크리트를 타설할 때 방수재를 같이 넣는다. 지하나 지붕에 콘크리트
타설을 할 때 방수재를 넣고 타설한다. 일반적으로 콘크리트 타설과 함
께 투입되는 방수재의 양은 레미콘 한 차에 4L짜리 4통 정도다. 하지만
아무리 방수재를 넣고 물매를 잘 줘도 타설할 때 콜드 조인트 라인(159
쪽 참고)이 생기면 아무 소용이 없다. 타설할 때 레미콘 차의 배차 간격을
줄이는 데 신경 쓰고, 바이브레이터 작업을 잘해서 조인트 라인이 없도
록 해야 한다.

3. 방수턱

방수턱을 만들어 누수가 발생했을 때 물이 더 번지지 않게 해야 한다. 누수는 한 번 발생하면 찾기가 매우 힘들다. 누수된 부분을 찾아내려면 범위를 축소하는 것이 중요하다. 누수 범위가 좁을수록 그만큼 찾기가 쉬워진다.

4. 하수도 배관에 물길 만들기

발코니나 화장실 바닥 또는 베란다 바닥 방수 작업을 할 때, 1차 방수(액체 방수)가 끝나고 도막 방수 위에 고인 물이 흘러내려 가도록 이중 하수 배관을 설치해야 한다. 그러나 콘크리트(RC) 구조에서는 이중 배수관 대신 하수 배관에 구멍을 뚫어 물길을 만든다. 이 경우 작업을 잘못하면 오히려 누수가 더 심해질 위험이 있으므로 전문 기술자의 작업이 필요하다.

앞서 말한 것처럼 누수는 물이 고이면서 발생한다. 물이 외부 표면 방수를 뚫고 내려가다 1차 방수를 뚫지 못하면 물은 1차 방수 위 어딘가에 고여 있을 것이다. 고인 물은 언젠가 노후나 충격으로 1차 방수층이 깨지는 순간 큰 누수로 번진다. 시간이 흘러 생기는 누수는 이처럼 1차 방수층이 깨진 경우다.

5. 선반

벽과 창틀을 작업할 때 꼭 물이 안으로 들어오지 못하게 선반(젠다이)을 설치해야 한다. 비용이 들어도 꼭 설치할 것을 권장한다. 외부 마감재와 창틀 사이에 생긴 틈새를 잘 막는다고 해도 세월이 지나면 틈새가 벌어지고, 틈새로 물이 새면 어느 곳에서 누수가 발생할지 아무도 모른다. 특히 선반을 설치할 때 창문 하부를 실리콘으로 막는 경우가 많은데, 창문 하부는 실리콘으로 막지 않는 것이 좋다. 혹시 누수가 발생했을 때 창문 하부가 막혀 있으면 물이 내부로 침투하기 때문이다. 누수가 발생하더라

■ 선반

■ 스쿠퍼

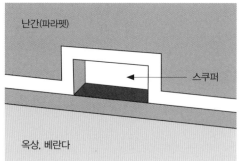

난간(파라펫)

스쿠퍼

옥상, 베란다

도 내부로 들어오는 것보다 외부로 물이 빠지도록 유도해야 피해를 최소화할 수 있다.

6. 스쿠퍼

옥상에 난간대를 만들 경우 바닥에서 20cm 정도 높이에 구멍을 뚫어 물길을 만들어준다. 이 구멍을 스쿠퍼라고 한다. 옥상 난간대 높이는 보통 120cm 이상이다. 배수구가 막혀 물이 고이기 시작하면 이 물이 넘쳐 건물 안으로 들어올 수 있다. 바닥보다 조금 높은 부분에 크랙이나 미세한 구멍만 있어도 물이 그곳으로 들어가 누수가 발생한다. 그러므로 물이 넘쳐흘러서 건물 안으로 들어가기 전에 난간대 밑에 스쿠퍼를 뚫어 물이 외부로 빠져나가게 만든다. 이때 하수구의 높이는 건물 안으로 들어가는 방수턱(일반적으로 30cm)보다 낮아야 한다.

스쿠퍼 설치의 주된 목적은 장마철 폭우에 배수구가 막힐 경우를 대비하는 것이다. 한 예로 세면대를 보면 수도를 아무리 틀어놓아도 물이 넘치지 않는다. 물이 넘치기 전에 하수구로 빠져나가도록 구멍(오버홀) 장치를 해뒀기 때문이다. 이와 같은 원리로 베란다나 옥상에 물이 나갈 수 있는 구멍을 만드는 것이다. 가을철에는 옥상 바닥의 배수구가 낙엽이나 이물질로 막히는 경우가 많다. 물론 주기적으로 관리하면 걱정이 없지만, 관리가 제대로 이루어지지 않으면 배수구가 막혀 물이 고이는 현상이 나타난다. 물이 고이면 누수가 발생할 확률이 높다.

7. 두겁

스쿠퍼와 함께 난간대나 베란다에는 반드시 두겁(capping)을 설치해야 한다. 일반적으로 두겁의 소재는 석재나 철판으로, 가능하면 금속 소재를 권한다. 두겁은 시간이 지나면 깨지고 철판 이음부에 실금이나 미세한 구멍이 생기기 쉽다. 옥상이나 베란다에서 누수 현상이 나타나는 것은 두겁이 원인인 경우가 반 이상이다. 두겁에도 10% 이상 구배를 줘야 한다. 거듭 얘기하지만 물은 높은 곳에서 낮은 곳으로 흐르며, 누수는 작

▥ 두겁 작업(왼쪽)과 두겁이 완성된 모습(오른쪽)

은 구멍이나 틈새에서 시작해 온 건물로 번진다는 사실을 늘 염두해야 한다.

8. 육가와 트렌치

하수구 육가나 트렌치를 설치할 때 세밀한 시공이 필요하다. 육가는 일반적인 직사각형 형태의 하수구 뚜껑을 말하며, 트렌치는 길가에서 흔히 볼 수 있는 하수구 뚜껑으로 육가보다 길다. 보통 사람이 많이 다니는 곳에 육가나 트렌치를 설치하므로 고질적으로 하중에 시달린다. 따라서 하중으로 인해 육가나 트렌치가 주저앉으면서 방수층이 깨져 누수가 발생하는 경우가 많다. 이 점을 고려해 육가나 트렌치를 설치할 때 일반 방수재보다는 특수 방수재로 시공한다.

지금까지 알아본 8가지 사항을 잘 따라 하면 특별한 방수 작업 없이도 누수의 90%를 잡을 수 있다. 세월 앞에 장사가 없듯이 아무리 견고한 건물도 세월을 이기지는 못한다. 오랫동안 견뎌내는 건물을 짓기 위해서는 방수가 매우 중요하다. 물은 미세한 구멍이나 갈라진 틈새를 호시탐탐 노리고 있다. 작업자나 관리자는 물이 높은 곳에서 낮은 곳으로 흐른다는 기본 상식을 꼭 명심하고 방수공사를 꼼꼼히 진행해야 한다.

방수 처리 시공

#1 화장실 쪽 방수턱을 시공한 모습입니다.

#2 골조공사가 끝난 후 우레탄 도막 방수로 벽과 바닥 연결 부분을 방수한 뒤 바닥 전체에 액체 방수 처리를 합니다.

#3 방수의 기본은 콘크리트를 타설할 때 주는 구배입니다. 특히 천장과 지붕 슬래브의 경우, 구배만 잘해도 상당 부분 방수가 됩니다. 사소한 작업 같지만 타설 후 미장을 세 번이나 하고, 미장이 끝나면 수분을 막는 비닐로 덮습니다. 이런 작업도 엄연히 방수공사의 일부입니다. 단, 이런 작업을 시공사가 알아서 해주지는 않습니다.

#4 엘리베이터 안도 방수공사를 진행합니다.

#5 화장실 방수 작업도 진행했습니다. 방수를 하려면 먼저 바닥 청소를 철저히 해야 합니다.

#6 베란다에는 2차 우레탄 방수까지 진행했습니다.

창호공사

창호공사에서
가장 중요한 것은 실측

창호란 창(窓)과 문(門)을 통틀어 부르는 말이다. 건축물의 골조공사가 끝나면 곧바로 창호 발주를 서둘러야 한다. 뚫려 있는 창호 자리를 빠르게 채워야 비나 눈, 특히 추위로부터 건축물을 보호할 수 있다. 골조가 끝난 뒤 양생하는 시기는 아직 미세한 크랙이나 조인트 라인의 방수가 마무리되기 전이므로 날씨나 추위에 따라 누수 같은 하자 요인이 생길 수 있다.

일반적으로 골조공사를 할 때 창호 사이즈는 설계 도면보다 상하좌우로 약 1.5~2cm 정도 크게 작업해 여유 공간을 확보한다. 골조 후 창호를 원활하게 끼워 넣기 위해서다. 그렇다고 실측 없이 도면 사이즈만 보고 창호 발주를 하면 안 된다. 골조공사는 미세하고 정밀한 작업과는 거리가 다소 멀다. 아무리 철근 콘크리트를 정밀하게 시공한다 해도 사이즈대로 정확히 나오기는 거의 불가능하다.

창호 하나도 빼놓지 말고 일일이 실측해야 한다. 수평과 수직을 잘 맞춰가며 실측하는 것이 중요하다. 직각을 사방으로 정확하게 측정해 완벽한 사각형이 나와야 하는데, 이 또한 골조공사 과정에서의 오차로 수평과 수직이 틀어져 있는 경우가 많다.

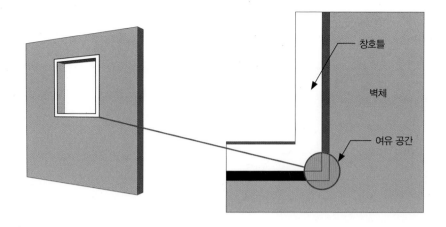

건물 전체에 똑같은 크기의 창문이 50개 있다고 가정하면 모두 사이즈가 같아야 한다. 당연한 말 같지만 현장에서 작업을 하다 보면 그렇지가 않다. 골조공사를 할 때 한 사이즈로 통일되어 있지 않은 경우가 많다.

창호를 실측할 때도 작업자는 보통 창호 프레임과 벽체 사이의 틈새를 2cm 이상 두려고 한다. 틈새를 가능한 한 많이 벌려두면 창호 프레임을 끼울 때 보다 쉽고 빠르게 작업할 수 있기 때문이다. 그러나 틈새가 2cm면 상하좌우 4cm의 간격이 생긴다. 창호 프레임을 설치한 후 이 틈새로 외부 공기가 들어오면 지금까지 단열을 위해 공들여온 비싼 단열재와 창호, 이중·삼중창 등이 모두 무용지물이 된다.

물론 창호 프레임을 설치하고 기밀 시공으로 다시 틈새를 잘 막는다면 문제될 일은 없다. 하지만 창호 작업자 입장에서는 창호만 잘 끼워서 빨리 작업을 마무리하고 철수하면 그만이다. 틈새 단열 작업은 엄밀히 말해 창호 작업과 별개의 공정인 것이다. 결국 이 틈새는 다음 공정 작업자가 막으면서 작업해야 한다. 물론 다음 공정 작업자도 자신이 해놓은 작

■ 우레탄 폼으로 틈새를 막는 모습

업이 아니므로 대충 보이는 것만 막고 바로 자신이 작업할 공정에 착수한다.

따라서 창호 프레임을 설치하고 나면 분사식 우레탄 폼을 들고 다니며 미세한 틈새가 보일 때마다 바로 충진한다. 우레탄 총의 분사구가 들어가지 않는 미세한 틈새는 겉만 분사형 우레탄 폼이나 실리콘으로 막는 경우가 대부분이다. 겉으로 볼 때는 막은 것 같지만, 실제로는 단열이 되지 않으며 그냥 틈새를 막아둔 것뿐이다. 이 미세한 틈새를 단열하려면 안쪽까지 깊숙이 들어갈 수 있는 가느다란 분사 기구를 총에 끼워 안쪽부터 폼으로 막으면서 나와야 제대로 단열이 된다. 현장에서 이렇게 신경 쓰며 시공하는 업체는 거의 없다. 그러니 건축주가 철저히 관리 감독할 수밖에 없다. 아울러 큰 틈새는 벽돌이나 단열재를 넣어 완벽하게 단열 마무리를 마친 후에 다음 공정에 들어가도록 작업 지시를 한다.

창호 프레임 작업을 할 때쯤이면 시공사는 시간에 쫓기는 경우가 대부분이다. 앞의 공정에서 지체된 시간을 뒤 공정에서 만회하려고 서두르는 경향이 있다. 따라서 이런 틈새 작업 역시 최대한 빨리 끝내려고 한다.

건축주는 이때부터 현장에 되도록 자주 들러 직접 관리해야 한다. 몇 시간만 투자하면 되니 반드시 확인한 후에 다음 공정을 진행하도록 한다. 이 몇 시간이 건축주가 평생 흘릴 눈물은 물론이거니와 건물이 평생 흘릴 결로를 최소화하는 중요한 투자다.

창호 프레임과 벽체를 어떻게 정밀하게 결합하는지가 이 공정의 핵심이다. 벽체, 단열재, 유리, 외부 마감재(석재, 벽돌, 스터코, 타일 등)와 창호

■ 창호 프레임과 벽체의 결합

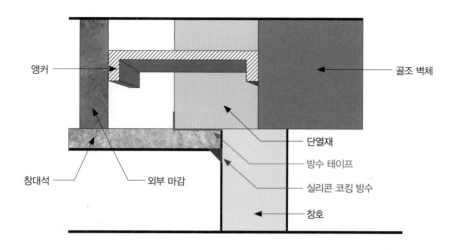

앵커

골조 벽체

단열재

방수 테이프

창대석

외부 마감

실리콘 코킹 방수

창호

프레임을 결합하는 과정이 매우 중요하다. 그다음 자금 능력에 따라 비싼 창호나 저렴한 창호를 선택하는 것이다.

창호 프레임 작업

벽체와 창호 프레임

벽체는 창호를 안전하고 튼튼하게 고정해주는 역할을 한다. 최소한 창호의 1/2 정도는 벽체에 걸치도록 시공해야 안전하게 사용할 수 있다. 창문은 하루에도 몇 번씩 여닫기를 반복하면서 움직이므로 창호 프레임을 튼튼히 고정해야 한다.

특히 틈새가 많이 벌어졌을 때를 주의한다. 프레임은 틈새를 벽돌이나 단열재에 고정하면 안 된다. 메운 부분 안에 있는 원래 벽체(철근 콘크리트)까지 깊숙이 앵커를 박아 고정한다. 참고로 벽체와 창호 프레임이 만나는 부분에는 반드시 시트 방수 처리를 해야 한다. 건물 벽을 타고 내려오는 물이 이 틈새로 들어오면 바로 누수와 결로가 발생한다.

단열재와 창호 프레임

단열재로 모든 벽을 감싸는 것보다 더 좋은 단열은 없다. 그러나 건물을 모두 단열재로 감싼다면 환기, 조망, 채광이 전혀 되지 않아 깜깜한 지하실 생활과 다를 바가 없을 것이다. 건물은 창이 있어야 숨을 쉬고 사람과 소통한다.

　건축물을 단열재로 감싸다가 창호와 접하는 지점을 만나면 단열재가 끊긴다. 이렇게 단절된 부분은 단열재 대신 창호가 단열을 이어가야 한다. 이를 위해 창호 프레임 안에는 단열바(bar)가 있다. 단열바가 외부와 내부의 공기를 차단하는 단열재 역할을 한다. 즉 기존 벽체를 따라오던 단열재와 단열바가 서로 연결이 되면서 단열층이 계속 유지된다. 주의할 점은 단열바를 최소한 단열재의 1/3 지점부터 겹쳐서 일직선상으로 연결해야 단열층을 유지할 수 있다는 것이다. 이렇게 하지 않으면 단열이 되지 않는다.

　단순히 단열재와 창호 프레임이 연결되었다고 해서 단열층이 연속적으로 이어지는 것은 아니다. 위의 사항을 지키지 않아 단열층이 끊기면 그 틈새에서 안팎의 공기가 접촉해 결로가 발생한다.

유리와 창호 프레임

유리는 저항성 단열재다. 저항성이란 열이 이동하는 것을 막는다는 뜻이다. 유리로 단열 성능을 올리기 위해 이중 유리나 삼중 유리를 사용한다. 이때 유리와 유리 사이에 아르곤가스를 주입하고 로이(Low-Emissivity)라는 금속재를 넣으면 단열 성능이 더욱 향상된다.

　창에 이중 유리를 사용하면 이중창, 삼중 유리를 사용하면 삼중창이라고 한다. 물론 유리가 많을수록 단열 성능은 올라간다. 가장 많이 사용하는 것은 24T 로이 아르곤가스 유리다. 이때 24T는 유리창의 두께가 24mm라는 것을 의미한다. 보통 유리 자체 두께만 24T인 것으로 착각하는 경우가 많은데, 이때 24T는 유리를 구성하는 총 두께가 24mm라는 것이다. 즉 유리(6mm)+아르곤가스가 주입된 공기층(12mm)+유리(6mm)=24mm이다. 여기에 5mm 유리를 사용한다면 22T가 된다. 이처럼 유리의 전체 두께는 유리 한 장당 두께가 얼마인가에 따라 결정된다.

유리와 유리 사이에 가스를 주입하려면 그 공간을 가스가 새지 않도록 막아야 한다. 이를 막아주는 자재를 간봉이라고 한다. 간봉은 유리 내부의 습기를 제거하는 흡수재 역할과 함께 가스를 주입했을 때 가스 유출을 막는 역할도 한다. 단열은 유리가 하고, 기밀성(공기가 새지 않도록 하는 것)은 창호 프레임이 담당해 단열 효과를 극대화하는 것이다.

■ 아르곤가스가 주입된 이중 유리의 구조

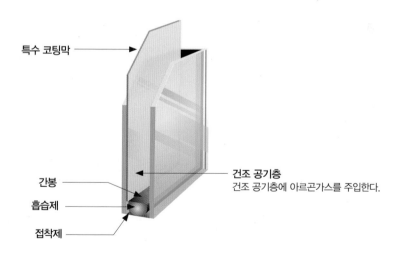

특수 코팅막

간봉
흡습제
접착제

건조 공기층
건조 공기층에 아르곤가스를 주입한다.

보통 간봉으로 값이 싼 알루미늄 소재를 사용한다. 하지만 아무리 좋은 창호라 해도 열전도율이 높은 알루미늄 간봉을 사용하면 열전도율이 낮은 유리 가장자리에 결로 현상이 나타난다. 그러므로 가능하면 알루미늄 간봉보다는 단열용 간봉을 사용하는 것이 좋다.

자금이 넉넉할 때는 삼중 유리에 로이 아르곤가스를 주입한 제품을 사용하는 것이 가장 좋지만, 상황이 여의치 않다면 최소한 이중 유리에 아르곤가스가 주입된 제품을 사용한다. 이때도 간봉은 반드시 단열용 간봉을 사용한다.

외부 마감재(벽돌, 석재, 스터코, 타일 등)와 창호 프레임
외부 마감재를 타고 흐르는 물은 미세한 틈이나 크랙을 통해 마감재 안쪽으로 타고 내려와 창호 프레임으로 스며든다. 이때 창호 프레임과 벽체 이음 부분에 코킹한 실리콘의 밀착이 제대로 되지 않은 상태라면 바로 누수가 발생한다. 따라서 창호 프레임에 꼭 시트 방수를 해야 한다.

창호 프레임 고르는 법

창호 프레임 재질도 단열에 중요하다. 단열에는 PVC 창호가 가장 효율이 좋다. PVC 창호는 단열성, 방음성, 기밀성 등 여러 부분에서 성능이 우수하다.

반면 열전도율이 좋은 알루미늄 창호는 단열에 취약할 수밖에 없다. 창호 프레임에 단열바가 있다고 해도 PVC 창호보다는 단열에 약하다. 그러나 대부분 건축가는 디자인을 얇고 세련되게 할 수 있는 알루미늄 창호를 선호한다. 특히 대형 건축물에는 PVC 창호보다 알루미늄 창호를 선호하는 경향이 있다. 알루미늄 창호가 PVC 창호보다 견고하고 튼튼하므로 단열보다는 안전을 우선으로 고려한 것이다. 디자인적 요소를 고려했을 때도 PVC 창호에 비해 유리하다.

건물 공사비에서 창호 비용은 전체의 약 15%, 많으면 25%까지 차지하므로 건축주 입장에서는 창호 선택이 매우 중요하다. 가격 대비 성능을 잘 파악해 합리적인 선택을 해야 하는 이유다. 창호는 채광과 환기 등 본연의 역할 이외에도 건물 디자인을 향상하는 주요 요소다. 건물 디자인이 좋으면 건물 가치도 올라가므로 디자인을 고려하는 것도 중요하다. 따라서 건축주는 창호를 선택할 때 오랜 시간을 들여 고민한다. 꿈에 그리던 건물에 어울리는 고가 브랜드를 선택하고 싶은 마음이야 굴뚝같겠지만, 주머니 사정도 고려하지 않을 수 없다.

가격 부담을 그나마 덜어주는 방법은 꼼꼼한 시공과 제품의 품질 검사다. 앞서 설명한 대로 철저히 감독해 기밀성 있게 시공하고, 창호가 입고된 뒤 창호 품질을 확인하는 것이 중요하다. 여기서 창호 품질이란 성능이나 재질이 아니라 창호의 조립 상태를 의미한다.

창호 성능은 회사별, 종류별로 기준표에 따라 만들어져 있고 거기에 맞춰 단가가 정해져 있다. 그러니 자금 사정에 따라 선택한다. 가전제품 매장에 가서 냉장고를 고르듯, 원하는 디자인과 가격에 맞는 디자인을 선택해 구입하면 된다.

중요한 것은 내가 산 제품이 제대로 된 제품인지, 불량품인지 파악하는 일이다. 건축주 대부분은 제품을 고르기까지 누구보다 치열하게 고민한다. 그러나 막상 제품이 입고되면 기껏해야 회사 로고가 제대로 붙어 있는지 정도만 신경 쓴다. 제품 자체에는 별로 관심이 없고, 신경 쓰려고 해도 무엇을 봐야 하는지 잘 모르기 때문이다.

실전 TIP **창호 품질 확인법**

가장 신경 써야 할 부분은 창의 조립 상태와 개폐 상태, 페어 유리 안쪽의 청소 상태, 프로파일(창틀 자재) 접합 부분의 마감 상태다. 특히 프로파일이 서로 접하는 부분에서 용접 상태가 잘 처리되어 있는지 확인해야 한다. 고가 브랜드일수록 이 부분이 잘 처리되어 있다. 중저가 브랜드를 선택했다면 제품의 조립 상태를 더욱 꼼꼼히 점검해야 한다.

▥ **창호 프레임의 연결 부위가 저품질로 처리된 모습**

창호 배수 처리와 실리콘

이 밖에도 창호에서 중요한 것은 배수와 실리콘 재질이다. 창호의 물이 잘 빠져나가도록 배수 처리를 제대로 하는 것이 매우 중요하다. 밖에 있는 물이 안으로 들어오지 못하게 하면서 배수가 잘되도록 물길을 내주는 선반(젠다이)을 꼭 설치해야 한다.(231쪽 참고)

창호 설치가 끝나고 실리콘으로 마감해주면 창호 시공은 끝이 난다. 이때 상황에 맞는 실리콘 재질을 사용해야 하자를 막을 수 있다. 창틀은 장시간 햇빛에 노출되므로 시간이 지나면서 빠르게 노화된다. 외부용 실리콘에도 종류가 많으니 상황에 가장 적합한 실리콘을 사용해야 한다. 동네 철물점에서 1천원짜리 실리콘을 사서 시공해놓고 싸게 잘 지었다고 자랑하지는 말자.

창호 제품, 유리 제품, 실리콘 제품 등은 종류가 다양하다. 취향과 자금 여력에 따라 선택해 시공하면 된다. 단, 실리콘이나 유리 간봉은 꼭 고품질의 제품을 사용해야 한다. 작은 곳에서 아끼는 것이 능사가 아니다.

실전 TIP 창호 발주 타이밍

골조공사가 완료되면 골조가 완성되어 있는 창호 치수를 측정해 창호를 발주한다. 입고까지는 일반적으로 약 2주 정도 소요되며, 시스템 창호는 한 달까지 걸리는 경우도 있어 이를 고려해 일정을 맞춰야 한다. 창호를 발주한 후 바로 입고될 수 있도록 사전에 발주처와 상의해두면 좋다.

열관류율이란?

건축 준공 허가를 받을 때 단열재, 창호, 유리는 에너지 낭비를 방지하기 위해 열관류율(열의 이동 정도를 나타내는 단위) 기준에 맞는 제품을 사용해야 한다. 제품의 열관류율은 엄격하게 규정되어 있는 반면 시공 후 열관류율 기준은 따로 정해져 있지 않다. 실제 중요한 것은 시공 후 열관류율이지 제품의 열관류율은 건축주 입장에서는 큰 의미가 없다. 따라서 제품의 열관류율 기준을 준수하되 시공 후에도 열관류율이 충분한 수치로 유지될 수 있도록 철저히 감독하는 것이 중요하다.

창호나 단열재 작업에서 틈새를 꼼꼼하게 막는 일을 사소하다고 여길지 모르지만, 이런 사소한 일을 하나하나 잘 처리해야 건물의 내구성이 높아지고 하자가 줄어 나중에 건물 관리가 편해진다. 사실 이런 사소한 작업도 꼼꼼하고 세밀하게 처리해주는 시공사가 신뢰할 만한 시공사다. 오히려 큰 공정에서는 그다지 차이가 나지 않는다.

▰▰▰▰▰▰▰▰▰▰▰▰▰▰▰▰▰▰▰▰▰▰

창호 시공

▰▰▰▰▰▰▰▰▰▰▰▰▰▰▰▰▰▰▰▰▰▰

#1 본격적인 창호 시공 전에 벽돌과 골조 부분의 공간을 폼으로 막습니다. 창틀을 한 층씩 설치합니다.

#2 창틀이 설치되면 건축이 마무리될 즈음 창틀 사이를 분사형 우레탄 폼으로 일일이 막는 작업을 반드시 진행해야 합니다. 창틀 사이의 결로 현상을 예방하는 매우 중요한 일입니다.

#3 각 층의 창호 및 문에 유리를 끼우고 외부 코킹 작업을 진행합니다.

#4 창문, 현관문, 방화문, 자동문을 모두 달았습니다.

외부 마감공사

외부 마감재를
잘 선택하려면

　　창호공사가 완료되면 외부 마감공사를 진행한다. 외부 마감 자재는 가장 저렴하고 간단한 페인트(도료)부터 타일, 판넬, 스터코, 벽돌, 석재까지 다양한 종류가 있다. 외부 마감공사는 건물의 얼굴을 만드는 중요한 작업이므로 공사 중에도 건축주와 시공사의 생각이 계속 달라지고, 기존 설계를 변경하기 위한 논의가 진행되기도 한다. 외부 마감재를 변경하려면 시공사와 상의해 구조체 변경 없이 외부 마감재를 변경할 수 있는지 꼭 확인하고 변경해야 한다. 그렇지 않으면 미처 생각지 못한 큰 변경 공사가 진행되므로 많은 추가 공사비가 발생할 수 있다.

　　외부 마감재를 고를 때 건축주는 어떤 것을 고려해야 할까? 일반적인 선택의 기준을 보면 1순위는 디자인, 그다음은 자금 사정이다. 그러나 외부 마감재를 선택할 때는 시간도 그에 못지않게 중요한 요소로 고려해야 한다. 여기서 시간이란 미래, 즉 건물의 노후화를 얘기하는 것이다. 당장의 아름다움도 좋지만 시간이 흘러 건물이 늙어가는 모습을 생각해야 한다.

　　빛과 열, 눈과 비, 바람, 황사, 대기 오염 등 예기치 못한 환경에 건물이 얼마나 튼튼하고 견고하게 버텨줄 수 있는지를 생각해보자는 것이다. 나이가 많은 어르신을 보면 어떤 분은 '모진 세상에서 온갖 고생을 다 하고 살아오셨구나.'라는 생각이 드는 반면, 어떤 분은 아름다움을 간직하면서 참 곱게 살아오셨다는 느낌을 받기도 한다. 어떻게 늙고 싶냐고 묻는다면 우리는 당연히 곱게 살아오신 분을 선택할 것이다.

건축가는 보통 지금 당장 멋진 건물을 짓는 데에만 최선을 다한다. 당장 눈앞에 있는 문제만 해결하기도 바쁜데 미래까지 생각하면서 설계를 한다는 것은 뜬구름 잡는 얘기처럼 들릴지도 모른다. 그러나 당연히 건축물을 지을 때는 노후화될 모습까지 고려해야 한다. 이때 건축물의 미래 모습을 좌우하는 것이 외부 마감재다.

그렇다면 건축물이 곱고 우아하게 늙을 수 있는 외부 마감재는 어떤 것들이 있을까? 외부 마감 재료는 크게 자연 재료와 인공 재료로 나뉜다. 여기서 자연 재료를 선택하면 자연에서 우러나오는 우아하고 편안한 자연미를 느낄 수 있고, 인공 재료를 선택하면 세련된 디자인적 요소를 강조할 수 있다.

외부 마감재의 종류

외부 마감재는 크게 자연 재료와 인공 재료로 나눌 수 있다.

자연 재료 : 벽돌, 석재, 목재, 노출 콘크리트, 천연 도장재, 스터코 등
인공 재료 : 금속, 유리, 패널(PVC 등 플라스틱 계열), 타일(세라믹), 인공 도장 등

자연 재료 중에서는 벽돌과 석재를 권장한다. 벽돌과 석재는 자연 재료 중에서도 비교적 유지 관리가 쉽고 시간이 지나도 다른 제품에 비해

노후화 현상이 잘 나타나지 않는다. 그러나 다른 재료들, 특히 인공 재료는 화학 처리나 덧칠 등으로 유지 관리에 계속 신경 써줘야 한다.

벽돌과 석재가 잘 노후화되지 않는 이유는 외부가 깨지고 갈라져도 밖으로 드러나는 내부 모습이 외부와 비슷하므로 마모된 부분이 잘 보이지 않기 때문이다. 이 덕분에 시간이 지나도 처음 시공할 때의 모습에서 크게 벗어나지 않고 변함없이 예전 모습을 유지할 수 있다.

벽돌과 석재는 세월에 씻겨나가도 자연 그대로의 모습을 간직하고 있음은 물론, 오히려 시간이 흐르면서 더 고풍스러운 멋이 생긴다. 최근에는 벽돌 중에서도 이런 분위기를 가장 잘 표현하는 고벽돌을 중국에서 수입해 사용하고 있다. 건축주는 건물의 노후화를 고려하되, 취향에 따라 외부 마감재를 신중히 선택하도록 한다.

벽돌

벽돌 중에서도 외부 마감재로 사용하는 벽돌을 치장 벽돌이라고 부른다. 그러나 치장 벽돌은 자연석이 아니다. 자연에서 채취한 재료를 사용해 인공적으로 만드는 것이다. 따라서 회사별로 종류가 천차만별이다. 옛날에는 인공적으로 만든 벽돌보다 자연석을 사용하는 것이 더 편했기 때문에 돌을 건축 자재로 많이 사용했다. 그러나 지금은 돌이 부족해 대부분 수입해 사용하고 있다.

벽돌의 백화 현상

벽돌은 인장력에 약하지만 압축력에 강하므로 지진과 습기에 매우 취약하다. 외부에 비가 들이치면 그중 15% 정도의 수분이 침투한다고 생각하면 된다. 꼭 비가 들어오지 않더라도 온도 변화에 따라 내부 조적에 습

벽돌 시공에 쓰이는 부자재

① 주름 앵글: 개구부 및 창문 상인방에 설치한다. 층고가 높을 때는 하중 분산용으로 설치한다.

② 웨지 앵커: 유연성이 우수하며 정확한 위치에 시공할 수 있다. 다양한 깊이와 콘크리트 구조에 사용한다.

③ C형(I형) 철물: 콘크리트 벽체 또는 단열재가 설치된 벽에 고정해 조적조에 연결하는 고정 철물이다.

④ 연결판: 사각 고리와 와이어를 연결하고 수직 하중을 분산한다. 조적조의 수평을 유지한다.

⑤ 사각고리: 고정 철물과 연결판을 연결하고 수직 하중을 분산한다. 조적조의 수평을 유지한다.

⑥ 상인방 세트: 개구부 및 창문 상인방에 설치한다.

⑦ 모르타르 스크린: 조적 시공 시 모르타르 낙하를 방지한다.

⑧ 삼중 방수지: 모르타르 스크린과 단열재 뒷면에 설치해 벽체 공간에 흐르는 습기와 수분이 내부로 유입되는 것을 차단한다.

⑨ 통 배수구: 구조체와 조적조 사이의 공간에 발생한 습기와 수분을 외부로 배출한다.

⑩ 통풍구: 조적조와 골조 사이에 발생할 수 있는 습기를 배출하고 공기를 통하게 한다.

⑪ 말굽와사: 구조체의 수평이 나오지 않는 구간에 이격을 보정해주는 역할을 한다.

⑫ 아연 철선: 고정 철물과 연결판을 잇는 보조 철물이다.

⑬ L형 앵글: 개구부 및 창문 상인방에 설치해 그 위로 벽돌을 쌓아 올린다. 굵기는 7T와 9T 두 종류가 있다.

주름 앵글

L형 앵글

■ 조적용 통풍구가 설치된 모습

기가 찰 수 있다. 이 습기를 방지하기 위해 통풍구를 반드시 설치해야 한다. 간혹 건축가 중에서 미적으로 적합하지 않다며 통풍구를 설치하지 않는 사람이 있다. 이런 경우가 건축가들이 당장의 아름다움만을 추구하고 건물 노후화는 뒷전으로 생각한다는 것을 보여주는 사례다.

통풍구를 설치하지 않으면 습기와 결로가 빠질 곳이 없어 그 흔적이 외부로 나올 수밖에 없다. 길을 가다가 벽돌이나 콘크리트 건물을 보면 벽돌과 벽돌 사이로 하얀 거품 같은 모습이 번진 것을 볼 수 있다. 이를 백화 현상이라고 한다. 백화 현상이란 시멘트 구조물의 화학 반응에 의해 벽돌이 흰색으로 부식되는 현상이다. 백화의 정체는 불용성 탄산칼슘($CaCo_3$)으로, 안쪽의 습기나 결로가 외부로 비집고 나와 발생한다.

벽돌 조적 작업과 현장의 문제

표준시공법에는 벽돌을 조적하면서 3~4칸 정도에 아연 메탈라스(모르타르 스크린)를 설치하도록 정해져 있다. 모르타르 스크린은 가로 방향의

| 건축주가 꼭 알아야 할 실전 꼬마빌딩 시공 | 255

벽돌을 잡아주고 조적 시공 때 모르타르가 뒤로 떨어지는 것을 방지해
준다. 모르타르가 뒤로 떨어지면 하단부에 모이고, 모인 모르타르가 하
단부에 있는 통풍구나 배수로를 막는다. 통풍구나 배수로가 제 구실을
하지 못하면 습기나 결로가 빠져나가지 못해 백화 현상이 나타난다. 이
를 방지하기 위해 모르타르 스크린 설치법이 만들어졌지만, 이를 지키는
시공사는 별로 없다. 현장에서 이를 지적하면 오히려 지적하는 사람이
바보가 된다. 경력이 오래된 조적공들이 왜 이런 것을 시키냐며 따지는
경우도 심심찮게 일어나므로 이때 관리자의 역량이 중요하다.

벽돌을 쌓다 보면 여러 이물질이 벽돌과 벽체 사이로 많이 떨어진다.
떨어지는 이물질도 있고, 벽돌을 묶어주는 비닐 끈처럼 작업자가 떨어뜨
리는 이물질도 있다. 이처럼 벽돌 하단부는 쓰레기로 덮여 있다고 해도
과언이 아니지만, 작업자들은 이를 심각하게 생각하지 않는다. 오히려
단열도 되고 좋은데 왜 이런 것을 지적하냐고 되묻기도 한다. 그러나 가
능하면 벽돌 하단부에 쓰레기를 버리지 말아야 한다. 이 쓰레기는 나중
에 다시 주울 수가 없다.

벽돌은 한 번에 많은 양을 쌓으면 안 된다. 일일 작업량은 120~150cm
을 넘지 않아야 한다. 그러나 이 원칙도 현장에서는 잘 지켜지지 않는다.

시공사는 시공사대로 빨리 공정을 마치려고 하고, 하청 작업자는 하루에 한 줄이라도 더 쌓으려 한다. 이때는 시공사와 작업자의 생각이 일치하는 셈이다.

■ 벽돌과 벽체에 쌓인 폐기물

벽돌이 쌓이면 자연스럽게 하중을 받으므로 역학적으로 하루 작업량이 정해져 있다. 따라서 벽돌 작업을 할 때는 정해진 분량 이상의 작업을 하지 못하게 막아야 한다. 다른 공정은 하나라도 더 하라고 종용해야 하지만, 벽돌 작업은 하루 정해진 분량을 초과하지 못하게 관리하는 것이 중요하다.

이때 벽돌과 벽체 사이는 5cm 정도 간격을 주는 것이 좋다. 벽돌과 벽체 사이는 환기가 잘되는 선에서 너무 떨어져도 안 되고, 너무 붙어 있어도 안 된다.

벽돌을 쌓아 올릴 때는 벽돌이 붕괴되는 것을 방지하기 위해 벽체와 벽돌을 결속(연결)해야 한다. 콘크리트를 타설할 때 쓰던 내부 유로폼과 외부 유로폼을 연결하는 타이를 사용해 결속한다.

문제는 타이가 철로 만든 제품이기 때문에 녹이 슨다는 것이다. 아연 소재의 타이도 있지만 지금은 아연 타이가 생산되지 않고, 있다고 해도 타이는 어차피 한 번 사용하고 버리는 것이기 때문에 비싼 아연 도금 제품은 사용하지 않는다.

철 타이로 벽돌을 벽체에 결속하면 타이가 녹이 슬어 부서지면서 벽체를 지탱할 수 없게 되는데, 여기에 결속한 벽돌은 조그마한 충격에도 쉽게 무너진다. 이를 증명한 것이 지난 2017년에 발생했던 포항 지진이다. 결속이 잘된 벽돌은 견고하게 붙어 있었지만, 결속이 부실한 곳은 벽돌이 모두 붕괴했다.

■ 타이(폼 타이)를 이용한 벽체 벽돌 결속 작업

 이처럼 타이가 중요하다는 것은 누구도 부정하지 않지만, 현장에서는 그런 사실을 까맣게 잊은 듯 아무렇지도 않게 철물 타이에 벽돌을 결속한다. 설계에서 외부 마감재를 벽돌로 선정했다면 건축주는 꼭 이 부분을 확인해야 한다.

 어쩔 수 없이 철물 타이로 작업해야 한다면 궁여지책으로 방청 페인트 칠을 해서 녹이 스는 것을 조금이나마 지연하는 방법이 있다. 그러나 시공사가 책임져야 하는 하자 보증 기간에는 이 작업을 하지 않아도 절대로 무너지지 않기 때문에 방청 작업마저 생략하는 경우가 대부분이다. 모든 벽돌을 타이에 결속하면 매우 위험하므로 벽돌 작업을 할 때 벽체와의 결속은 타이와 C형 철물을 혼합해서 사용해야 한다.

 C형 철물을 벽체에 고정한 다음 벽체와 벽돌을 아연 철사로 결속한다. 이때 주의할 점은 외단열일 경우, 반드시 철근 콘크리트 벽체까지 앵커를 박아서 C형 철물을 고정해야 한다는 것이다. 다시 말하면 콘크리트 벽체 밖을 감싼 단열재에 C형 철물을 고정하는 것이 아니라, 외단열재 안의 벽체에 제대로 고정한다. 외단열재에 C형 철물을 고정하면 하나 마나 한 공사가 된다. 그러나 이 역시 콘크리트 벽체까지 일일이 앵커를

박는 경우가 그리 많지 않다. 그냥 단열재에 C형 철물을 박고 벽돌을 결속하는 현장이 비일비재하다. 결속 후 벽돌 작업을 마무리하고 나면 확인할 수 있는 방법이 없다. 현장에는 감독해야 할 것이 한두 가지가 아니다. 놓치기 쉬운 사소한 것들을 제대로 시공해야 건실한 건축물이 탄생한다.

위 오른쪽 사진은 단열재에 결속선을 살짝 걸어놓은 것이다. 물론 이런 경우가 생기면 바로 재시공해서 벽체와 고정해야 한다. 시공사는 이런 곳에서 비용을 줄이려고 한다. 벽돌로 창틀 주위를 시공하는 것은 기술이 필요하며 시간도 많이 걸리는 작업이다. 창틀을 벽돌로 쌓아야 하니 얼마나 힘이 들고 많은 공이 들어가겠는가. 따라서 벽돌을 얼마나 정밀하게 쌓는지에 따라 많은 비용 차이가 생긴다.

인방 작업

창틀 위에 벽돌을 쌓으려면 벽돌을 받쳐줄 L형 앵글을 벽체에 부착한 다음 그 위에 벽돌을 올린다. 이 작업을 인방 작업이라고 한다.

창틀이 클 경우 L형 앵글을 창틀 길이만큼 촘촘히 배열해 시공해야 한

■ 인방 작업   ■ 시트지 방수 작업

다. 그러나 현장에서는 앵글과 앵글 사이를 드문드문 벌려 L형 앵글의 숫자를 줄여서 작업하는 경우가 많다. L형 앵글이 단가가 높기 때문에 하나라도 덜 사용하려는 꼼수다. 이에 더해 앵글 두께도 얇은 것을 사용한다. 예를 들면 9T 앵글을 사용해야 하는데 7T로 사용하는 식이다. 시공사는 한 푼이라도 수익을 내기 위해 갖은 방법을 다 동원한다. 처음에 저렴하게 계약한 평균 단가를 이런 방식으로 하나하나 만회해가는 것이다.

실전 TIP 시트 방수와 메지 작업

인방 작업을 할 때는 시트 방수지로 방수까지 함께 작업해야 한다. 세밀하고 꼼꼼히 작업해야 훗날 누수 없이 편하게 지낼 수 있다.

벽돌 조적 작업이 끝나면 메지(줄눈) 작업을 한다. 메지 작업이란 벽돌을 쌓을 때 사이사이에 메지를 발라 채워 넣는 일을 말한다. 메지 작업은 벽돌이 완전히 건조된 후에 작업해야 한다. 보통 3~4일, 겨울에는 일주일 정도 지나야 작업이 가능하다. 메지 작업 전에 메지 색을 선택하고 작업 준비를 한다. 보통 메지는 10mm 정도의 두께로 작업하며, 이 두께가 일률적으로 나와야 한다. 어떤 줄은 7mm, 어떤 줄은 10mm로 메지 두께가 다르면 전체적인 안정감이 떨어진다. 메지 작업이 끝나고 완전히 양생이 된 다음 발수 작업을 한다. 발수제를 2번 이상 도포하고 벽돌 작업을 마무리한다.

노출 콘크리트

최근에 유행하는 마감재로 특히 5층 이하 건물을 설계할 때 건축가들이 즐겨 찾는다. 콘크리트 타설 후 탈형을 제거한 본연의 모습 그대로 사용해 콘크리트 자체가 지니고 있는 차갑고 무거운 느낌을 활용하는 마감재로, 일반적인 건물에 보이는 콘크리트와는 조금 다르다.

외부 마감 콘크리트는 탈형을 했을 때 그 자체로 바로 마감재가 완결되기 때문에 타설을 매끄럽게 시공하는 것이 핵심이다. 그러려면 유로폼과 합판 자재를 세심하게 선정해야 한다.

형틀 자재의 핵심인 유로폼과 합판은 반드시 중고가 아닌 노출용 새 제품을 사용한다.(150쪽 참고) 타 업체에서 사용하던 중고 자재는 사용하면 안 된다. 노출용으로 새 유로폼과 합판을 써야 하므로 당연히 자재비는 일반 콘크리트 골조공사보다 많이 든다. 형틀 자재비만 일반 작업에 비해 약 30% 증가하며, 오와 열을 철저히 맞춰 작업해야 하므로 시간도 더 걸리고 숙련공이 많이 필요한 공정이다.

노출 콘크리트는 생김새가 다소 투박하고 마감재를 따로 사용하지 않으니 공사비가 저렴할 것이라고 생각하는데 그것은 큰 오해다. 자재와 시간이 그만큼 더 소요되므로 비용은 더 들어가면 들어갔지 절대 덜하지 않다. 저렴할 것이라는 생각으로 노출 콘크리트 작업을 선택하려 한다면 다시 생각해보길 바란다.

노출 콘크리트 면 작업은 생각만큼 매끄럽게 잘 나오지 않는다. 타설할 때 레미콘 차의 배차 지연으로 생긴 콜드 조인트 라인, 창틀이나 기둥, 전기 분전반 쪽에 타설이 잘되지 않아 뚫린 구멍, 기타 부주의와 구조상 문제로 발생하는 크랙과 틈새 등 수많은 문제가 생겨서 계속 보수를 할 수밖에 없다. 노출 콘크리트는 아무리 세심하게 작업해도 따로 보수 작업 없이 마감재로 사용하는 것은 거의 불가능하다.

외부 노출 콘크리트의 가장 큰 약점은 외단열이 불가능해 단열에 취약하다는 것이다. 게다가 건축법에 의해 벽체 중심선이 면적의 기준점이 되기 때문에 내단열재 두께만큼 면적에서 손해를 본다. 벽체 단열재 두께는 최소 100mm이므로 면적이 사방 100mm씩 들어가고, 따로 내부 마감재를 한다면 거기에 다시 약 30~50mm가 빠진다. 즉 최소로 잡아도 약 150mm 정도의 면적이 줄어드는 것이다. 작은 부분이라고 생각할 수 있지만, 이 면적이 각 층마다 빠져나간다고 생각하면 결코 작은 면적이 아니다. 특히 꼬마빌딩에서는 이렇게 조금씩 빠지는 면적을 가벼이 여길 수가 없다.

다시 한 번 말하지만 오직 건물 외형의 아름다움을 위해 노출 콘크리트 마감재를 선택하려 한다면 재고해봐야 한다. 외부 마감재는 건축주의 개인 성향에 따라 호불호가 가장 분명히 갈리는 부분이므로 신중하게 선택하자.

■ **노출 콘크리트**(내부)

스터코

스터코는 소석회에 대리석 가루와 찰흙을 섞은 것으로, 주로 표면 마감에 사용하는 외장재다. 국내에서 가장 많이 사용하는 마감재이기도 하다. 스터코는 특정 회사의 상표이고, 이런 형식의 외장 마감을 EIFS(Exterior Insulation Finishing System)라고 부른다. 하지만 국내에서는 스터코나 드라이 비트라고 부르며, 정식 명칭으로는 거의 부르지 않는다.

스터코 제품은 19세기 후반을 시작으로 유럽에서 가장 널리 사용된 스터코(STUCCO) 패턴의 외부 마감재다. 다양한 조색이 가능하며, 질감도 다양해 고풍스러운 유럽 스타일의 외벽으로 각광받는 제품이다. 한번 시공하면 별다른 관리 없이도 수명이 길고, 내구성이 높아 어떤 기후에도 잘 견디며, 현대 디자인 감각에 맞게 색깔과 질감을 바꿀 수 있어 많은 건축가가 선호한다.

스터코는 특히 마감재를 변경할 때 차선책으로 많이 선택된다. 건축주는 설계 당시 비싸고 고급스러운 외부 마감재를 선정했다가, 나중에 공사비가 책정되면 비용 문제로 외부 마감재를 변경하는 경우가 많다. 이때 마감재 종류를 비교해보면 스터코처럼 공사 기간이 짧고, 자재와 공사비가 저렴한 마감재가 없다. 거기에 따로 방수공사나 단열공사도 필요하지 않으니 대부분 건축주가 스터코의 유혹에 빠질 수밖에 없다.

그러나 이 수많은 장점에도 불구하고 신중하게 선택해야 하는 이유가 있다. 그중 하나가 스터코 시공을 제대로 해주는 업체가 거의 없다는 점이다. 제대로 시공된 스터코는 외부 마감재로서 가성비가 가장 뛰어난 제품이지만, 여러 현장의 실제 시공 과정을 보면 스터코 시공을 잘하는 시공사를 찾기 힘들다는 사실을 알 수 있다.

스터코 시공의 구성 요소

스터코 작업의 구성 요소는 단열재, 접착제(모르타르), 섬유재(메시), 마감재의 네 가지로 이루어진다. 여기서 마감재로 어떤 제품을 사용하느냐에 따라 작업을 지칭하는 이름이 결정된다. 예를 들어 마감재를 스터코로 사용하면 스터코 시공, 스터코 플렉스로 사용하면 스터코 플렉스 시공이다.

① EPS 단열재 부착

철근 콘크리트로 만들어진 구조체에 덧대어 스터코 전용 EPS 단열재를 외벽에 붙인다. EPS 단열재는 반드시 불연재를 사용해 화재에 대비해야 하는데, 종종 불연재를 사용하지 않는 경우가 있어 건축법으로 반드시 불연재를 사용하도록 명시하고 있다. 최근에는 폴리우레탄 단열재나 XPS 단열재를 많이 사용한다.

단열재의 긴 면은 수평이 되도록 작업하고 모서리에서는 줄눈이 생기지 않도록 엇갈리게 작업한다. 그러나 현장에서는 이 부분이 잘 지켜지지 않아 작업 후 시간이 지나면 줄눈이 눈에 띈다. 물론 다른 원인도 있지만, 일차적으로 단열재를 잘 붙여놓으면 줄눈이 생기는 현상을 막는 데 도움이 된다.

▥ 스터코의 구성 요소

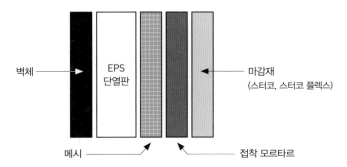

264

② 접착제

100% 순수 아크릴 수지로 강력한 접착성과 방수, 방습에 뛰어난 도포제를 사용한다. 현장에서 초벌 모르타르는 스터코 본드와 시멘트를 혼합해 작업하는 경우가 많다. 단열재를 접착할 때 접착제는 최소 8군데 이상, 파스너는 최소 5개 이상 설치해야 한다. 간단해 보이지만 접착제를 사용할 때는 단열재의 수평을 잡으면서 작업하는 고난도 기술이 필요하다. 현장에서는 이 부분에 가장 신경을 많이 쓴다. 단열재가 부착된 후 24시간이 지나면 다음 작업을 진행한다.

③ 메시(섬유재)

외벽의 균열 방지 및 보강 기능을 위해서는 라스(금속 메시)를 사용하는 것이 좋지만, 현장에서는 대부분 유리섬유 메시로 시공한다. 유리섬유 메시는 100% 유리로 특수 제작되어 인장 강도가 매우 강하다. 강도에 따라 표준 메시, 고강도 메시, 초고강도 메시로 나뉘며 각각 사용처가 다르다.

④ 마감재

스터코 마감재는 내구성이 강하고 색상이 다양하며, 거친 표면과 무늬를 자유자재로 표현할 수 있어 지붕이나 창호 자재와도 잘 어울린다. 특히 가격 대비 성능이 우수해 건축주와 건축가 모두 선호하는 마감재다.

스터코 부실시공 사례

① 단열재 이음 작업

단열재가 서로 이어지는 부분은 조인트 테이프를 부착하거나 메꿈 퍼티로 작업한다. 메꿈 퍼티로 작업할 때는 올 퍼티(필요한 부분만이 아닌 전체를 작업하는 것)로 울퉁불퉁한 메시 미장의 굴곡을 메워 벽을 반듯하게 만든다. 이를 '평활도를 개선한다'고 말한다. 현장에서는 늘 시간에 쫓기는 하청 업체 특성상 올 퍼티 작업보다 필요한 부분만 작업하는 경우가 더 많다.

메시 미장 벽 두께는 최대한 두껍게 시공해 건물 외벽에 크랙과 단열재 자국(보드 자국)이 보이는 하자를 줄여야 한다. 이를 흔히 팬티 자국이라고 한다. 하지만 현장에서는 반대로 두께를 최대한 얇게 해서 작업을 빠르게 마치려고 한다. 이렇게 작업하면 몇 달도 지나지 않아 크랙과 단열재 자국 등 부실시공의 흔적이 나타난다.

일단 마감재를 바르고 나면 그전 공정은 눈에 보이지 않는다. 작업을 소홀히 했거나 공정이 생략되었다는 사실은 적어도 몇 달이 지나 크랙과 단열재 자국이 나타났을 때 비로소 드러난다. 그러나 이미 시공사에게 책임을 묻기에는 너무 늦는다. 이를 지적하고 잘못된 시공이라고 주장하면 시공사는 책임을 회피하기 바쁘다. 한 예를 들면, 어떤 시공사는 모든 건물에서 나타나는 현상이라고 주장하면서 주위에 있는 다른 건물도 다 그렇다며 가서 보여주기까지 하는 경우도 있다. 실제로 이렇게 시공하는 업체가 대다수이니 이런 건물을 찾는 일은 쉽다. 오히려 제대로 시공된 건물을 찾기가 더 어렵다. 현장에서 건축주가 시공에 관해 세세하게 잘 알지 못하면 이처럼 시공사의 노련함에 무릎을 꿇을 수밖에 없다. 계속 강조하지만 최저가 견적으로 공사를 수주한 시공사가 마진을 남기는 방법은 시공 공정을 최대한 많이 생략해 인건비와 자재를 줄이는 것뿐이다.

다음으로는 크랙을 방지하고 표면 시공 완성도를 높이기 위해 전체적으로 파이버 메시 작업을 1회 한다. 이때 파이버 메시의 이음 부분은 이론적으로 폭이 최소한 64mm가 겹치도록 작업해야 한다. 이 역시 현장에서는 30mm 정도만 폭이 겹쳐도 다행이고, 1mm라도 겹쳐서 이어준다면 만족해야 하는 경우가 많다.

단열재는 계절을 반복하면서 수축·팽창하며 메시 미장 면을 잡아당긴다. 유리섬유 메시나 플라스틱 메시는 단열재의 수축·팽창에 견디는 힘이 약하므로 미장 면에 크랙이 나타난다. 이를 방지하려면 라스(금속 메시)를 사용해야 하는데, 현장에서는 대부분 유리섬유 메시나 플라스틱 메시를 사용한다. 그나마 메시를 두껍게 감아서 잡아당기는 힘을 버티게 만들어주고, 단열재 자국이 생기는 것을 방지할 수 있도록 공사해주면 그것만으로도 신경 써주는 시공사라고 할 수 있다.

메시는 두껍게 감고, 초벌 모르타르는 최소 6mm 이상 발라야 한다. 특히 초벌 모르타르 작업은 두껍게 바를수록 건물 외벽에 크랙과 단열재 자국(보드 자국)이 보이는 하자가 줄어든다. 너무 두껍게 바르는 경우 건조하는 과정에서 흘러내릴 수 있으니 주의한다.

현장에서는 초벌 모르타르를 스터코 본드와 시멘트를 혼합해 작업하는 경우가 많다. 시공사는 이것이 노하우라고 주장하지만, 사실은 하청 업체들의 시간을 벌기 위한 고육지책이다. 정석대로 작업을 하면 단가를 맞출 수 없으니 변칙적으로 작업하는 것이다. 만약 노하우라면 결과물도 모두 정상적으로 나타나야 하는데, 스터코 작업을 한 주위 건물을 확인해보면 바로 비정상적인 작업이라는 것을 알 수 있다. 스터코 작업을 부실하게 한 건축물이 너무 많아 오히려 제대로 작업한 스터코 건축물이 부실시공으로 오해를 받을 정도다.

② 메시 사용과 코너 작업 부실 사례

스터코 작업에서 메시 사용은 매우 중요하다. 어떤 메시를 사용하는지에 따라 부실 문제가 생기기 때문이다. 메시 불량은 바로 스터코 부실로 이어진다. 시중에 금속 메시를 사용해서 시공하는 업체는 거의 없고 모두 유리섬유 메시를 사용한다. 작업 능률 면에서 월등히 차이가 나기 때문이다. 보통 신경 쓴 시공이라고 하면 강도가 센 유리섬유를 사용하는 정도이며, 일반 플라스틱 제품을 사용하는 업체도 많다.

벽체 코너 작업을 할 때도 마찬가지로 원칙적으로는 금속 메시인 라스를 사용해야 한다. 스터코 라스는 수직 하중을 벽체 구조에 전달하는 역할을 한다. 재질은 방청 페인트나 아연 도금한 구리 합금재료를 사용해야 한다. 모서리 이음 부분에는 라스를 최소 150mm 이상 겹치도록 작업해야 하며, 라스를 설치할 때는 25mm 규격의 못을 7인치 간격으로 박되 스터드에 최소 3/4인치는 박혀야 한다.

초벌 모르타르는 라스가 모르타르에 묻히도록 6mm 이상으로 바른 당일, 경화 전에 모르타르 표면에 거친 빗자루나 브러쉬로 깊이 2mm 정도 균일하게 줄무늬를 낸다. 초벌이 경화되면 재벌 바름을 작업한다. 단, 현장에서는 재벌 작업을 거의 하지 않는다. 최종 바름은 최소한 모르타르 바름이 양생되고 약 일주일이 지난 다음 시공해야 하지만, 실제로는 당일 작업으로 마무리하는 경우가 많다.

▒ 플라스틱 코너 메시

코너 작업 역시 라스를 사용하면 코너 각 잡기가 어려워 플라스틱 코너 메시를 사용하는 것이 일반적이다. 안타까운 현실이지만 강제하지 않으면 시공해주는 사람은 라스를 사용하지 않으니 설계를 할 때 시공 방법을 따로 명시해서 라스로 작업하도록 하면 좋다.

③ 코팅재 작업의 부실 사례

시공사는 코팅재 작업을 잘 하려고 하지 않는다. 작업 환경과 조건이 까다롭기 때문이다. 코팅재 작업은 여름철에는 가능하나 겨울철에는 하면 안 된다. 최소한 기온이 섭씨 4도 이상일 때 작업하고 이틀 정도는 건조해야 한다. 물론 건조할 때도 기온은 내내 4도 이상의 상온이어야 한다. 그러나 이 조건에도 불구하고 간혹 한겨울에 스터코 작업을 하는 경우가 있다. 아는 사람이 보면 기절할 정도로 놀랄 일이다. 앞 공정이 늦어져 불가피한 상황일 수도 있지만, 한겨울에 스터코 작업을 하는 것은 100% 부실시공이다. 나중에 무조건 하자 보수할 것을 각오하고 작업하는 것이다. 시공사가 완공이 늦어져 지연 배상금을 지불하는 것보다 하자 보수를 해주는 것이 더 이익이라고 판단하면 이러한 작업이 진행된다. 그러나 겨울에 작업을 해놓고 추후 하자를 보수해달라고 요구했을 때 부실시공이 아니라며 우기는 시공사도 많다.

이처럼 스터코 작업은 자재가 지닌 많은 장점과 달리 매우 까다롭고 작업자의 성실한 시공이 필요하다. 시간에 쫓기는 하청 업체 중에서 작업 절차를 제대로 지키는 곳은 거의 없다고 보면 된다. 이러한 현실을 알고도 스터코를 사용할 것인지는 신중히 판단해야 한다.

실전 TIP 스터코의 단점

① 무게가 가벼워 바람에 영향을 받는다. 가끔 심한 태풍이 지나간 다음 외벽이 벽체와 떨어져 있는 모습을 봤을 것이다. 접착 불량으로 단열재가 떨어져 나간 것이다.

② 빗물이나 황사 먼지에 벽면 오염이 잘된다. 특히 창문틀에서 빗물이 흘러내리면 눈물 자국이 나타난다. 이를 방지하기 위해 선반(젠다이)을 설치하지만 그것만으로는 다 방지하지 못한다.

③ 숙련공의 노하우로 시공 질의 편차가 심하다. 같은 면적에서도 편차가 나는 것을 발견할 수 있다.

④ 넓은 면적을 시공할 때는 평활도 유지가 쉽지 않다. 평면에 요철이 생기므로 미관상 매우 보기 좋지 않다.

⑤ 스터코 성질에 의해 갈라짐 현상이 나타난다. 대부분 메시와 접착제 불량 때문이다.

⑥ 스터코는 3년만 지나도 재시공해야 할 정도로 관리를 잘해야 하는 마감재다. 물론 당장의 비용은 저렴하지만, 관리를 아무리 잘해도 오래가지 못하고 바로 재시공을 해야 하는 것까지 고려하면 절대 비용이 저렴하다고 할 수 없다.

징크

징크(zink)란 순도 99.995%의 아연과 소량의 티타늄, 구리로 합금한 아연 강판이다. 징크와 관련된 용어는 소비자를 혼동시키는 데 최적화되어 있다. 징크 업자의 이야기를 듣다 보면 어떤 것이 진짜 징크인지 구분이 안 된다. 징크를 종류별로 직접 손에 쥐어줘도 잘 구분하지 못한다. 그래서 업자들이 소비자를 상대로 가장 많이 속이는 제품이 바로 징크다.

일반적으로 징크는 크게 오리지널 징크, 리얼 징크, 알루미늄 징크의 3종류로 나뉜다. 이 중 알루미늄 징크는 말 그대로 알루미늄 소재의 징크라는 뜻이다. 그렇다면 오리지널과 리얼은 어떤 차이가 있을까? 리얼 (real)이라는 단어는 '진짜'라는 뜻을, 오리지널(original)은 '원래, 원본'이라는 뜻을 지니고 있다. 이 중 리얼 징크는 리얼이라는 단어가 무색하게 실제로는 가짜 징크를 지칭한다. '진짜 징크'는 오리지널 징크다. 시중에 판매되는 징크의 70%가 리얼 징크, 즉 가짜 징크다. 이름을 이렇게 지어 놓았기 때문에 소비자들이 혼동할 수밖에 없다.

오리지널 징크는 친환경 소재이면서 내부 금속이 부식되지 않으며, 내구성이 강해 도장할 필요가 없고 방수 기능도 좋다. 수명이 반영구적이어서 지붕재와 외부 마감재로 많이 사용하고 있다. 철 본연의 질감도 잘 살아 있어 다른 어떤 마감재와 혼용해도 잘 어울리며 고급스러운 느낌이 난다.

단점은 그만큼 가격과 시공비가 비싸다는 것이다. 이 단점을 상쇄하려고 나온 제품이 리얼 징크다. 리얼 징크는 철판에 도료를 입힌 것으로 오리지널 징크와 비슷한 느낌을 준다. 그러나 외부 면에 스크래치가 생기면 바로 부식이 될 수 있어 시공할 때 각별히 주의해야 한다. 빗소리가 크게 들리고, 처마 플래싱(flashing) 처리가 깔끔하게 마무리되지 않는다는 단점도 있다. 참고로 징크 자체는 단열과 전혀 상관이 없으니 단열이 된다는 시공사의 말에 현혹되면 안 된다. 이와 더불어 리얼 징크니 오리지널 징크니 하는 말장난에도 휘둘리지 않아야 한다.

알루미늄 징크

알루미늄 징크는 알루미늄 위에 도장을 하거나 코팅을 입혀 제작한다. 오리지널 징크보다 내구성이 떨어지지만 리얼 징크보다는 가벼우면서 내구성이 더 좋으며 시공이 편리하다. 가격은 오리지널 징크, 알루미늄

징크, 리얼 징크 순으로 비싸다. 가격이 비쌀수록 시공비도 비싸다.

징크의 두께는 0.45T, 0.5T, 0.7T의 세 종류가 있다. 두께에 따라 가격 차이가 많이 나지만 나중에 후회하지 않으려면 0.7T로 작업하는 것이 가장 좋다. 그러나 종종 견적서에는 0.7T로 해놓고 현장에서 0.5T로 작업하는 시공사가 있다. 물론 이는 시공사의 농간이지만 아무것도 모르는 건축주의 책임도 있다.

징크 회사에서 부르는 이름에 현혹되지 말고 관련 내용을 정확히 숙지해 비용을 지불해야 한다. 오리지널 징크 비용을 지불하고 리얼 징크를 시공하거나, 오리지널 징크인줄 알고 계약했더니 실제로는 리얼 징크로 시공된 현장이 매우 많다. 따라서 건축주는 제품명을 정확히 익힌 다음 징크를 선택해야 한다.

포천석   거창석   마천석   고흥석

석재

옛날부터 우리나라는 건축에 쓸만한 돌이 많았다. 돌은 전통적으로 가장 많이 사용한 건축 재료다. 하지만 그 많던 돌은 사라지고 지금은 돌을 수입해 사용하고 있다.

현재 건축물에는 외장용으로 화강석을, 내부용으로 대리석을 주로 사용한다. 화강석은 석영과 장석류가 주성분인 암석으로 마그마가 지표 또는 지표 근처에서 냉각해 굳어진 것이다. 단단하며 내구성 및 강도가 높고, 내마모성이 좋아 실외용 자재로 많이 사용한다.

화강석의 특징 중 하나는 가공하는 방법에 따라 석재가 다른 느낌으로 표현된다는 점이다. 석재에 버너로 열을 가하면 석영이 튀어나오면서 하얀색이 더 선명하게 나타나고 표면이 거칠어지며, 폴리싱으로 물광을 내면 표면이 매끄러워지고 색이 어두워진다.

이처럼 똑같은 재질이라도 가공 방법에 따라 색깔과 표면에 차이가 나므로 선택의 폭이 넓고 다양하다. 버너 가공한 제품은 표면이 거칠어 계단용으로 많이 사용한다. 폴리싱 가공 제품은 면이 매끄럽고 광이 나면서 색이 좀 더 진하므로 주로 벽체에 사용한다.

화강석의 종류는 생산지 이름을 딴 포천석, 거창석, 마천석, 고흥석 등

이 있다. 포천석은 백색과 분홍색을 함께 띤다. 가격이 저렴하고 품질이 우수해서 가장 많이 사용하는 제품이다.

거창석은 연회색 빛을 띠며 요즘에는 잘 사용하지 않는 제품이다. 마천석은 경북 함양에서 채굴된 석재로, 검정색을 띠는 석재는 마천석 하나뿐이다. 판재 자체가 크게 나오지 않아 주로 걸레받이, 바닥재 포인트 등에 사용한다.

고흥석은 진한 회색에 강도가 강한 편이며 외장재 및 비석, 기념비, 조각 등에 사용한다. 주로 건물 1층의 로비에 진한 색 톤으로 분위기를 줄 때 사용한다. 1층은 고흥석을 사용하고, 2층부터는 포천석을 같이 사용하는 경우가 많다.

문경석은 담홍색으로 전체적으로 밝고 분홍빛을 띠며 따뜻한 느낌을 준다. 내외부용으로 모두 사용할 수 있으나 주로 내부용으로 쓴다. 이 밖에도 현무암, 황동석 등 여러 석재가 있다.

대리석은 다른 석재에서 볼 수 없는 특유의 무늬가 있으며, 이 덕분에 건축물의 분위기를 부드럽고 고급스럽게 연출한다. 외부용으로 사용하

■ 고흥석을 이용한 1층 로비

면 검게 부식되어 유지 관리가 어려우므로 내부용으로 많이 사용한다.
유지 관리뿐만 아니라 자재비와 시공비도 다른 석재보다 비싸 주로 고
급 주택에서 사용한다. 일반적으로는 비싼 천연대리석보다 값싼 인조대
리석을 사용한다.

석재의 시공 방법

석재의 시공 방법에는 습식 공법과 건식 공법이
있다. 습식 공법은 접착제를 이용해 석재를 벽체에
붙이는 공법이다. 하중이 가벼운 석재에 작업할 수
있으며 무거운 석재는 불가능하다. 주로 파벽돌이
나 타일을 작업할 때 습식 공법을 사용한다. 그러
나 우리나라는 사계절이 뚜렷해 얼었다 녹았다를
반복하므로 아무리 좋은 접착제도 견디지 못하고
붙인 석재가 떨어지는 경우가 많다. 따라서 외부
벽체 시공에는 권장하지 않는 공법이다.

건식 공법의 부자재

건식 공법은 구조체와 석재를 지지 철물(파스너, 축, 앵커볼트 등)로 간결 공정하는 공법이다. 건식 공법의 부자재로는 앵글, 조정판, 앵커 세트, 근각볼트, 고정핀, 와셔, 너트, 스프링와셔, 심패드, 에폭시 본드 등이 있다.

건식 공법은 정확한 구조 계산에 따라 석재를 발주해야 한다. 석재가 수입 자재여서 물량이 부족하면 재발주에 적어도 15일이 소요되므로 정확한 양을 발주하는 것이 시공 못지않게 중요하다. 자재 부족으로 재발주하면 시간도 더 소요되지만 자재의 질, 특히 동일하거나 비슷한 색으로 맞추기가 쉽지 않다. 같이 입고한 제품 중에서도 색깔을 맞추기가 어려운데, 재발주한 석재와 색깔을 맞춘다는 것은 거의 불가능하다.

석재 색깔이 다르면 작업할 때는 잘 모르지만 작업이 완료되고 건축물의 외형이 전체적으로 드러나면 확연히 표시가 난다. 돈을 다 지불했는데도 눈에 보이는 품질 차이를 확인하면 건축주는 화가 나기 마련이다.

시공사와 작업자의 잘못만은 아니지만, 외형 석재 시공은 분명히 짚고 넘어가야 한다. 석재를 시공할 때는 최소 70% 이상 같은 석재에 같은 색으로 작업해야 한다. 100%는 현실적으로 불가능하나 적어도 70%까지는 요구할 수 있다. 사전에 분명히 얘기하지 않고 공사가 끝난 후 서로 얼굴을 붉히며 언쟁을 해봐야 소용이 없다. 설계를 할 때 이 부분도 명시해 분쟁의 씨앗을 없애는 것이 좋다.

특히 외부 벽체를 작업할 때 석재 업체에 물량을 뽑으라고 하면 종종 이런 착오가 생긴다. 그러므로 설계 단계에서 도면과 디자인을 미리 준비해 물량과 디자인에 실수가 없도록 준비해야 한다.

석재 시공에서 부자재는 매우 중요하다. 마감 치수 변화에 따라 앵글 치수가 변하고, 석재 중량에 따라 앵글 폭이 달라진다. 마감 치수가 크면 보강 철물을 사용해야 하기 때문에 부자재도 철저히 사양에 맞게 준비하는지 확인해야 한다.

요즘 정부는 물론 시공사도 외단열을 선호하는 추세다. 따라서 외단열 시공을 많이 하는데, 석재 시공에서 앵글 부착 작업은 매우 중요한 공정이다. 이 앵글을 벽체에 부착하려면 이미 부착된 단열재를 잘라내 앵글 부착 작업을 해야 한다. 이때 잘라낸 단열재를 다시 원상 복구해야 하는데, 이 작업을 소홀히 할 때 문제가 생긴다.

석재 작업자는 석재를 잘 부착하는 것이 자신의 업무고, 단열재 작업은 내 일이 아니라고 생각해 단열재를 불성실하게 부착하는 경우가 많다. 관리자는 단열재를 하나도 빠짐없이 재부착해, 추후 단열에 차질이 없도록 조치해야 한다.

이를 대비해 단열재를 잘라내지 않고도 벽체에 부착할 수 있는 특수한 앵커가 있다. 기존 앵커보다 비싸지만 단열이 깨져서 결로가 생기는 것보다는 낫다. 이 앵커를 사용해 건축물의 질을 올리는 것이 좋다. 견적을 낼 때 이런 부분도 넣어서 사전에 분쟁을 막아야 한다. 일단 시공내역서에 첨부되었다면 문제될 것은 하나도 없다.

석재 시공에서 꼭 체크해야 할 핀 작업

현장에서 앵글을 부착하고 그 앵글 위에 석재를 하나하나 쌓아 올리는 작업 자체는 별 문제가 없다. 늘 하는 작업이기 때문에 석공이라면 누구나 잘하는 일이다. 여기서 상부 석재와 하부 석재를 고정하는 핀 작업이 있는데, 매우 중요한 일이지만 대부분 현장에서는 빠뜨리거나 고의로 하지 않는 작업이다.

핀 작업은 석재에 드릴로 핀 구멍을 내고, 구멍에 핀을 넣어 상부 석재와 하부 석재를 맞물리도록 하는 것이다. 얼핏 듣기에는 쉬워 보이지만 상부 석재와 하부 석재의 핀 구멍으로 핀을 맞춰 넣는 것이 생각보다 어렵다. 무거운 석재를 들어 올려 구멍에 핀을 맞추는 일이므로 숙련된 기능공이 아니라면 작업하기가 힘들다.

석재 작업자도 다른 작업자와 마찬가지로 하청 업체 소속이다. 앞서 계속 언급했듯이 하청 업체는 하루, 한 시간이라도 절약해 작업을 마쳐야 마진을 볼 수 있다. 아무리 빨리 작업해도 석재를 하나씩 올리고 맞추는 데 시간과 인력이 더 소요된다. 이로 인해 현장에서는 알면서도 하지 않는 경우가 매우 많다.

하청 업체에 이 문제를 제기하면 이제까지 30년 동안 이렇게 작업해 왔는데 무너진 적이 한 번도 없다며 도리어 화를 내기도 한다. 이들은 핀 대신 강력 접착제인 에폭시 본드를 사용한다고 말한다. 에폭시에 문제가 있더라도 앵글이 석재 상하부를 눌러주고 있고, 거기에 줄눈으로 최상의 강력 접착력을 자랑하는 실리콘을 사용해 또 한 번 잡아주는데 왜 핀 작업까지 하는지 모르겠다는 불평을 하곤 한다.

하청 업체는 자기들 작업을 끝내고 가면 그만이지만 건축주는 아니다. 하청 업체 말대로 5년 안에는 어떤 부실 작업을 해도 석재가 무너지지 않는다. 그러나 사고는 일생에 단 한 번이라도 나서는 안 된다. 그 사고

▥ **핀 작업**

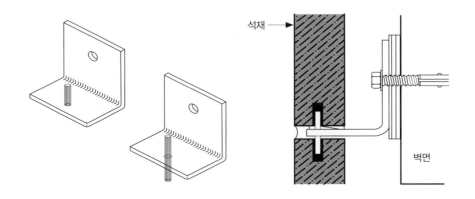

앵커와 핀이 조합된 절곡 판   앵커에 설치된 핀과 절곡 판

를 막기 위해 많은 비용을 들여 온갖 시설을 하는 것이다. 아무리 강력한 에폭시 본드나 실리콘이라도 그것은 말 그대로 접착제다. 접착제는 물이나 불, 지진 등에 약할 수밖에 없다. 만약 건물에 지진이나 불이 나면 접착제는 전혀 도움이 되지 않을 것이다.

핀 부착하는 데는 비용도 얼마 들지 않으니 견적서에 필요한 금액을 명시하고 작업할 것을 권한다. 일단 견적서에 해당 사항이 삽입되어 있으면 서로 얼굴 붉히면서 언쟁할 필요가 없다. 그러나 설계에 이 작업이 빠져 있는데 나중에 해야 한다고 하면 분쟁이 일어날 수밖에 없다. 시공 단가도 설계할 때보다 더 올라갈 것이다.

줄눈은 일반적으로 앵글 두께에 맞춰 작업한다. 앵글 두께가 5T면 5mm, 6T면 6mm로 작업하면 된다. 여기서 줄눈에 쓰는 실리콘 품질을 확인 한다. 외부용 석재는 장기간 햇빛에 노출되므로 햇빛에 강한 실리콘 재질을 사용한다.

실리콘 한두 개만 쓴다면 시공사도 품질 좋은 제품을 사용할 것이다. 그러나 실리콘으로 줄눈 마감을 한다면 실리콘 물량도 공사비 단가에 어느 정도 비중을 차지한다. 따라서 공사비 단가가 저렴하게 책정되었다면 최대한 저렴한 실리콘을 사용할 것이다. 계속 강조하지만 저렴한 공사비에는 다 이유가 있다.

외부 마감공사

#1 골조공사가 끝나고 전체 탈형 작업이 끝나면 벽돌이 입고되고 본격적인 내외부 마감공사가 시작됩니다.

　벽돌을 쌓기 위해 각 층에 벽돌을 옮기고 있습니다. 벽돌을 40장씩 한 번에 짊어지고 힘차게 계단을 오릅니다. 하루에 8천 장 이상을 층마다 올려놓습니다.

#2 다 쓴 폐자재와 유로폼으로 가득한 현장이 정리되면 벽돌 작업을 할 수 있습니다.

#3 벽돌 작업은 특히 준비 단계가 매우 중요합니다. 줄을 띄고, 오와 열을 맞추고 앵글을 주문하는 등 준비 작업을 꼼꼼히 진행합니다. 또한 벽돌을 쌓기 전 벽면에 타이벡(합성섬유의 일종)을 치고 앵커를 박습니다. 앵커에 아연 도금 반생(철사의 일종)으로 벽돌과 앵커를 서로 연결해서 한 몸을 만들어 벽돌을 쌓고 있습니다.

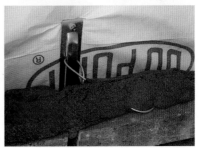

#4 L자 앵글과 방수 시트를 부착했습니다.

#5 줄눈 작업자가 줄눈 마무리 작업을 하고 있습니다. 발수제는 벽돌이 완전히 마른 후 작업해야 합니다. 지붕은 징크를 사용해 작업했습니다.

#6 계단 마감 작업에 문제가 발생했습니다. 계단은 돌을 사용해 마감하는데, 돌을 커팅할 때 로스가 많아 자재가 부족해졌습니다. 석재는 중국에서 수입하기 때문에 보름 정도 걸린다고 합니다. 어쩔 수 없이 계단 마무리가 미뤄집니다.

내부 마감공사

내부 마감은
설계에서 완성된다

내부 마감공사는 인테리어 공사라고도 하며 물의 사용 여부에 따라 크게 두 가지로 구분한다. 물을 사용하는 공사는 미장 공사, 타일 공사, 도장 공사가 있으며 물을 사용하지 않는 공사는 목공 공사와 도배 장판 공사가 있다. 물을 사용하지 않는 건식 공법으로 마감하는 것을 수장 공사라고 부른다. 견적서에 수장 공사라고 기재되어 있는 항목이 바로 이 부분을 말한다.

내부 마감공사에서는 내부 페인트, 조명, 도기 설치, 타일, 바닥, 도배, 천장, 벽체, 문 등 내부 전체를 만드는 여러 공정이 진행된다. 이때도 외부 공사와 마찬가지로 기존 설계에 변동이 생기거나 건축주와 시공사의 생각이 충돌하는 경우가 자주 발생한다. 건축주는 가능한 범위 내에서 원하는 바를 요구하고, 시공사는 최대한 건축주의 요구를 만족시키는 방향으로 작업을 마무리해야 한다.

건축에서 내부 인테리어는 큰 의미가 없다. 왜냐하면 설계를 할 때 이미 내부 인테리어까지 반영하기 때문이다. 설계할 때 빠진 부분이 있다면 그 부분만 작업하면 된다. 일반적으로 설계에서 많이 빠지는 부분은 주방 가구다. 가구를 포함하지 않고 견적을 내기 때문이다. 주택용 건축물이라면 주방 가구가 중요한 부분이므로 설계할 때 거의 빠뜨리지 않지만, 사무용 건축물은 주방 가구의 비중이 작으므로 따로 가구 업체를 불러 견적을 받아보고 설치해도 된다.

꼬마빌딩 같은 건축물의 내부 인테리어에서 가장 큰 비중을 차지하는 부분은 천장과 벽체, 화장실이다. 복도가 긴 경우는 복도도 포함되지만 꼬마빌딩은 규모가 작으므로 복도가 차지하는 부분도 작다. 일반적으로 천장과 벽체에는 도장 작업을 많이 하며, 요즘에는 노출 콘크리트로 많이 작업하는 추세다. 도장은 작업 방법에 따라 공사비가 다르다. 한 번 도장하는 것보다는 두 번 하는 것이 좋고, 두 번보다는 세 번이 좋고 비싸다. 단 횟수가 많다고 해서 무조건 좋은 것은 아니다. 얼마나 연마를 잘하고 도장을 했는지가 품질을 좌우한다.

무엇을 하든 모든 공정에는 인건비가 추가된다. 한 공정이 더 추가되면 당연히 공사비는 오른다. 견적 시 사소한 부분도 꼼꼼하게 어느 정도 품질로 작업되는지 확인하고, 잘 모르겠다면 최소한 몇 번 도장을 하는지, 도장을 할 때 어떤 방법을 사용하는지(롤러로 도장하는지 스프레이 기계로 뿌리는지) 정도는 확인한다.

실전 TIP 입주 전 A/S를 요청하자

도장 작업이 끝나면 입주 준비를 해야 한다. 이때 입주에 아무리 조심해도 내부가 어떤 형태로든 오염이 되는 것은 어쩔 수 없다. 따라서 입주 후 한 번은 A/S를 받아야 하는데 시공사에 따라 A/S를 해주는 업체도 있고 안 해주는 업체도 있으므로 추후의 논쟁을 방지하기 위해 견적서에 이 부분을 꼭 명시한다. 이 정도만 확인해도 시공사가 도장 작업을 할 때 공정을 빠뜨리고 작업하지는 않는다.

벽지

주택용일 때는 주로 내부 마감에 벽지를 사용한다. 벽지에는 크게 실크 벽지와 합지 벽지의 두 종류가 있다. 일반적으로는 실크 벽지를 많이 사용한다. 이름과 달리 실크 벽지에는 실크가 하나도 들어 있지 않다. 천연 실크의 부드럽고 고급스러운 느낌과 비슷해 실크 벽지라 부르는 것으로 보인다. 실크 벽지는 PVC 성분이 함유된 비닐 벽지다. 따라서 합지 벽지보다 인체에 좋지 않다. 이것이 고급 주택에서 실크 벽지를 선택하지 않는 이유다. 실크 벽지의 장점은 오랜 세월이 흘러도 빛바램이 없고 한결같이 고운 자태를 유지한다는 것이다. 즉 유지 관리가 편하고 보기에 고급스럽다.

실크 벽지는 합지 벽지보다 두께가 두꺼워 시공 방법이 다르다. 중간에 풀칠을 하지 않고 띄워서 작업하기 때문에 숙련공만이 작업할 수 있다. 중간을 띄워서 작업하므로 벽체가 울퉁불퉁해도 어느 정도 커버가 된다. 이 덕분에 업자들도 실크 벽지를 선호한다. 그러나 실크 벽지는 자재 값이나 시공비가 비싸다. 재작업을 할 때도 전에 작업했던 실크 벽지를 다 뜯어내고 작업해야 하기 때문에 공사비가 많이 든다.

합지 벽지는 종이 벽지다. 자재비가 저렴하고 시공비 또한 싸서 일반적으로 많이 사용한다. 그러나 벽이나 천장이 울퉁불퉁하다면 벽지가 이를 덮을 수 없어 미리 초벌 도배를 한 다음에 작업해야 하는 불편함이 있다. 하지만 재작업할 때는 전에 했던 합지 벽지 위에 새로운 합지 벽지를 작업해도 된다는 장점이 있다. 각각 일장일단이 있으므로 건축주가 장단점을 따져 선택하면 된다.

화장실 내부 마감과 타일

        화장실 내부 마감은 타일 시공에 달려 있다. 타일 작업을 할 때 특히 주의할 점은 동절기(섭씨 영하 4도 이하) 작업은 피해야 한다는 것이다. 타일 작업은 습식 작업이므로 수분이 어는 동절기에는 문제가 발생할 수밖에 없다. 화장실처럼 내부 작업은 버너로 보온을 할 수 있으면 그나마 다행이지만, 발코니나 베란다 등의 외부 타일 작업은 절대 해서는 안 된다. 아래는 동절기의 외부 타일 작업 사진이다. 작업 후 따로 보양 작업을 했는데도 백화 현상이 나타나는 것을 볼 수 있다. 준공 검사 일정상 부득이하게 동절기 작업을 해야 할 때가 있는데, 이런 경우는 나중에 보수 공사를 염두하고 작업한다. 참고로 화장실 타일을 본드 접착할 때는 세라픽스 본드가 아니라 물에 강한 드라이픽스 본드를 사용한다.

▓ **겨울철의 베란다 타일 작업**

베란다 타일을 작업했다.

작업이 끝나고 보양 작업을 실시했다.

보양 작업을 했음에도 백화 현상이 발생했다.

내부의 전기 스위치, 콘센트, 등, CCTV, 인터폰 등 나머지 설비는 설계 때 미리 선정해서 내부 인테리어를 할 때 차질이 없는지 확인한다.

앞서 말했듯이 건축에서 내부 마감 및 인테리어는 설계 단계부터 미리 준비해놓아야 한다. 매립할 것은 미리 매립하고 외부로 뺄 것은 미리 빼놓아야 한다. 이런 작업을 잘하는 곳이 노하우가 있는 시공사다.

이때 주로 문제가 되는 것은 건축주의 변심으로 인한 기구 변경이다. 설계 시에는 A제품을 선정했는데 아무래도 B제품이 더 좋은 것 같아 제품을 변경하는 경우가 자주 일어난다. 문제는 단순히 제품만 변경하는 것이 아니다. 마감까지 해놓은 공사를 제품 변경으로 인해 다 해체해야 한다면 심각한 문제가 된다. 물론 그만큼 시공비를 더 지불한다면 별로 문제될 것이 없다. 그러나 대부분 건축주는 겨우 이 정도 변경으로 시공비를 추가 요구한다며 서운해하고, 시공사는 다 작업해놓은 공사를 다시 뜯어 재공사를 해야 하니 추가 비용을 청구할 수밖에 없어 서로 불만이 쌓인다.

실전 TIP 기구 변경

건축주는 선정한 기구를 다른 기구로 변경할 때 재공사를 안 하고 기구만 변경해도 되는지 사전에 시공사와 논의한 다음 변경하는 것이 현명한 방법이다. 협의 없이 무조건 기구부터 변경해야 한다고 주장하며 서로 난처한 상황을 만들지 말아야 한다. 내 건물 내가 짓는데 이것도 못 해주냐며 큰소리칠 거라면 건축주는 거기에 상응하는 비용을 지불하면 된다. 무조건 목소리만 높이는 건축주가 되지는 말라는 것이다.

도장

    도장이란 건축물의 부식을 방지해 내용 연수 기간을 늘리고, 외관을 꾸미기 위해 페인트 같은 도료로 건축물의 벽면을 칠하는 것을 말한다. 도장은 습기에 잘 견딜 수 있도록 하는 내습성과 부식되지 않도록 하는 내후성을 높여 방부, 방충, 방화의 기능을 수행한다.

    도장 시공 방법은 세 종류가 있다. 붓이나 솔로 도장하는 솔칠(Brush Painting), 롤러로 도장하는 롤러칠(Roller Painting), 스프레이를 사용하는 뿜칠(Spray Painting)이다.

    솔칠은 문틀, 걸레받이 등 비교적 좁은 면적을 칠할 때 사용하며 롤러칠로는 비교적 넓은 면적을 칠한다. 롤러로 칠하지 못한 세세한 부분은 솔칠을 사용해 서로 부족한 곳을 보완하면서 작업한다.

    뿜칠 도장은 크게 무늬코트, 졸라톤, 탄성코트의 세 종류로 구분한다. 가격은 무늬코트가 가장 저렴하며 그다음 졸라톤, 탄성코트 순이다.

    무늬코트는 큰 기능이 없고 울퉁불퉁한 벽면에 무늬를 넣어 시각적으로 깔끔한 느낌을 준다. 수성페인트로 밑작업을 한 후에 스프레이로 시공한다.

    졸라톤은 무늬코트에 비해 색이 선명하고 입자가 미세하므로 도료 무늬가 잔잔해 고급스럽고 깔끔한 시각효과를 준다. 가격이 탄성코트보다 저렴해 많이 사용한다. 무늬 입자를 분사해서 입힌 후 코팅으로 마무리하기 때문에 외벽 오염과 곰팡이 억제 능력이 떨어지는 것이 단점이다. 유성과 수성 두 가지 종류가 생산되지만 현장에서는 주로 수성을 사용한다.

    탄성코트는 고무 성분으로 만들어져 탄성이 있는 특수 페인트다. 신축성이 뛰어나며 곰팡이를 어느 정도 억제할 수 있는 도료다. 졸라톤의 단점을 보완해서 나온 제품으로, 졸라톤이 1세대라면 탄성코트는 2세대라고 보면 된다. 신축성과 탄성이 있어 크랙에 강하고 물이 묻어도 변색이 되지 않으며 얼룩도 잘 생기지 않는 장점이 있다. 졸라톤에 비해 습기에 강해 결로나 곰팡이 억제 기능도 있다. 단, 습기로 오염이 생겼을 때 빨리 닦아주지 않으면 곰팡이가 생길 수 있고 도료가 부풀어 올라 껍질이 벗겨질 수 있다는 단점이 있다. 가격은 졸라톤보다 비싸다. 이외에도 좀 더 보완된 제품으로는 세라믹을 첨가한 세라믹코트가 있다.

뿜칠 도장 제품은 반드시 도료를 칠한 후 코팅을 해야 수명이 오래 간다. 코팅을 해주지 않으면 입자가 떨어져 바로 재시공해야 한다.

도장은 기본적으로 바탕면이 좋아야 고품질의 결과물이 나온다. 아무리 좋은 페인트를 사용해도 바탕면이 나쁘면 소용이 없다. 따라서 바탕면을 평탄하게 만드는 올 퍼티 작업을 한 후 연마를 한다.(265쪽 참고) 퍼티 작업이란 페인트칠을 하고 생기는 흠을 퍼티로 메꾸는 것을 말하며, 올 퍼티는 모든 면에 퍼티 작업을 하는 것이다. 현장에서는 비용 문제로 올 퍼티 작업을 하지 않는 경우가 많다.

바닥재

바닥재는 벽지와 마찬가지로 건축물에서 가장 눈에 띄고 넓은 면적을 차지하는 부분이다. 바닥재 종류에는 타일, 원목마루, 합판마루, 강마루, 강화마루, 데코타일, 시트(장판) 등이 있다.

타일

타일은 출입구나 주방, 베란다, 발코니에 많이 사용한다. 제일 가격이 비싼 대리석 타일부터 복합대리석 타일, 폴리싱 타일, 포세린 타일 등이 있다. 가격을 고려해 선택하면 된다. 타일은 낮은 온도에서 구운 도자기 타일과 높은 온도에서 구운 자기질 타일이 있는데, 타일 종류에 따라 사용처가 다르므로 주의해야 한다.

도자기 타일은 강도가 약하므로 바닥재로 부적합하며 바닥에는 자기질 타일을 사용한다. 당연히 바닥재 타일이 벽체 타일보다 비싸다. 간혹 건축가의 욕심으로 바닥재용 자기질 타일을 벽체에 사용하는 경우가 있다. 잘못된 것은 아니지만 굳이 벽체에까지 비싼 자기질 타일을 사용해야 하는지는 다시 생각해봐야 한다. 반대로 저렴한 벽체용 타일을 바닥에 사용하는 것은 절대 금물이다.

원목마루

건축주는 일반적으로 원목마루, 합판마루, 강마루, 강화마루를 모두 원목마루로 생각하지만, 조금만 공부하면 구분할 수 있다. 원목마루는 말 그대로 원목으로 된 마루다. 1970년대 초등학생들이 초로 문지르고 닦았던 학교 바닥이 원목마루에 해당한다. 한옥의 대청마루처럼 나무 그 자체로 마루를 놓는 것이다. 원목마루는 바닥에 보일러가 들어오면서 점차 사라지고 있다. 보일러 난방으로 나무가 건조되면서 수축하면 틈새가 생기고, 그 틈새로 벌레, 먼지, 이물질이 들어가 미관은 물론 환경에도 좋지 않다. 비용도 매우 비싸므로 최근에는 잘 사용하지 않는다.

합판마루

원목마루의 단점을 보완하기 위해 나온 제품이 합판마루(온돌마루)다. 합판마루는 합판 위에 원목마루를 붙여놓은 것이다. 난방으로 수축하는 바닥 부분을 원목이 아니라 합판으로 처리하고, 눈으로 보이는 윗부분에만 원목을 붙여 원목마루의 단점을 보완했다. 원목마루 특유의 천연 나무결을 느낄 수 있지만 원목마루보다 저렴하고 변형이 적다.

강마루

강마루는 합판마루와 거의 똑같다. 차이는 원목 부분에 추가로 강화 필름을 입혀 강도를 강화한 것이다. 원목 부분이 약해서 잘 찍히고 흠집이 많이 나는 단점을 보완한 제품이다. 합판마루보다 가격도 저렴하고 강도가 강해 현재 가장 많이 사용한다. 한마디로 합판마루와 강화마루의 장점을 모두 지닌 바닥재다.

강화마루

강화마루는 목재의 원목을 갈아서 접착재와 혼합해 압축한 고밀도 판재(HDF) 위에 원목무늬 필름을 부착한 것이다. 따라서 원목마루, 합판마루, 강마루에 비해 강도 면에서 가장 강하다. 시공 방법도 접착하지 않고 바닥 면에 그냥 올려놓으면 되므로 접착제를 싫어하는 건축주가 선호하는 바닥재다. 그러나 습기와 온도 변화에 약하고 틈이 쉽게 생겨 최근에는 많이 사용하지 않는다. 비용은 원목마루, 합판마루, 강마루, 강화마루 순으로 비싸다.

데코타일

데코타일은 PVC를 압축한 다음 모양에 맞춰 잘라낸 장판이다. 내구성이 강해 사무실이나 복도용으로 많이 사용한다. 저가부터 고가까지 제품이 다양하게 있으므로 가격에 맞춰 선택하면 된다. 최근에 가장 주목받는 바닥재다.

시트(장판)

주택에서 가장 많이 사용하며 일반 사람들이 흔히 알고 있는 바닥재다. 일반적으로 단가가 높을수록 품질이 높으므로 비용에 맞춰 자재를 선택한다.

내부 마감공사

#1 경량팀이 벽체와 천장 작업을 하고 있습니다.

#2 도장면을 평탄하게 만드는 퍼티 작업을 진행합니다. 1차로 이음부와 흠집이 있는 부분 위주로 줄퍼티 작업에 들어갑니다.

#3 2차로 전체 바탕면을 올 퍼티로 작업합니다.

#4 퍼티 작업이 끝나면 연마 작업을 합니다. 연마가 끝나면 본격적인 도장에 들어갑니다. 롤러칠 페인트 작업은 최소 2회 이상 진행해야 합니다. 특히 동절기에 공사하는 경우에 도장이 어는 것을 막기 위해 발열 장치를 사용합니다. 내부 마감공사까지 모든 공정이 완료되었습니다.

 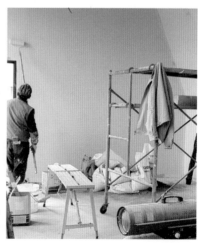

준공 허가 신청

준공 허가는 사용 승인 허가라고도 부르며 건축이 끝난 뒤 건물을 사용해도 좋다는 승인을 받는 과정이다. 즉 사용 허가 신청서를 작성해서 관할 지자체에 허가를 받는 것이다. 준공 허가를 받기 위해서는 정화조 인증, 하수도 인증, 엘리베이터 인증, 도시가스 인증, 전기 소방 인증 등 각종 인증이 필요하다. 하수도 작업 중 토사가 쌓여 있으면 하수도 준설 작업을 따로 해야 하수도 인증을 받을 수 있고, 전기·통신 필증을 받으려면 접지 검사를 해야 한다. 접지에는 1종, 2종, 3종, 특3종 접지가 있는데 각 접지마다 출력되어야 하는 저항이 다르다. 꼬마빌딩은 3종 접지에 해당하므로 저항이 100Ω 이하로 나오면 인증을 받을 수 있다.(203쪽 참고)

이와 같이 작업한 후에 각 허가 업체로부터 인증서를 발부받아 지자체에 준공 허가를 신청할 때 허가 도면과 함께 제출한다. 신청을 접수하면 허가 지자체에서 특검을 나와 건축법에서 정한 규제와 규격에 맞춰 도면대로 작업이 이루어졌는지 확인한다. 설계 도면과 비교해 실제 시공했을 때 달라진 부분은 실제 건축한 대로 다시 도면을 그려 신청하면 된다.

사용 승인 서류 제출 목록

① 준공 도면: 허가 도면과 비교해 변동이 없으면 그대로 신청하면 되지만 일반적으로 조금씩 변동이 있을 수밖에 없다. 변경된 도면을 수정해

서 제출한다.

② 감리 보고서: 감리자가 그동안 공사가 도면대로 적법하게 진행되었는지 감리한 것을 보고서로 만들어 첨부한다. 중간 보고서와 완료 보고서를 작성한다.

③ 건축물대장 생성 신청서: 건축가가 제출한 건축물대장을 기초로 구청 건축물대장에 기재되면, 정식으로 건축물이 탄생한다. 준공 도면에 따라 면적, 용도, 주차, 정화조, 조경 등 건축물 현황도를 작성해서 제출한다. 건축물 현황도는 건축사만 작성할 수 있다.

④ 개별 준공 필증(소방, 통신, 전기사용전, 승강기, 가스, 보일러, 폐기물 필증, 정화조 필증 등)

⑤ 자재납품확인서·시험성적서·기타인증서(도기의 경우 납품확인서), 친환경자재필증(품질시험계획에 있는 항목 외 창호, 유리, 절수 설비, 패널, 단열재, 내화, 방화 관련 서류는 기본적으로 받는다.)

⑥ 준공 사진(전경, 배수 전중후, 새 주소, 절수, 주차장, 조경 등)

⑦ 복합자재품질확인서(패널류를 사용했을 때)

⑧ 기타 건축 허가 시 받은 허가 조건에 따른 서류

⑨ 장애인 허가 조건

⑩ 기타 허가 조건에 필요한 서류(각 구청 지자체별로 조금씩 요구 사항이 다르다.)

위 서류를 바탕으로 사용 승인 신청을 하면 구청에서는 특검자를 무작위로 선정해 건축물을 검사하려고 방문한다. 특검자가 나와서 집중적으로 조사를 하는 부분은 다음과 같다.

1. 계단과 복도 폭 1,200mm
2. 난간 높이 1,200mm, 계단 난간 900mm

3. 주차 공간 2,500mm×5,000mm

4. 층고 높이가 도면대로 작업되었는지

5. 정북 일조사선

6. 건축물 넓이

7. 기타 불법 시공한 건축물이 있는지

특검이 통과되면 구청에서 사용 승인서를 받는다. 사용 승인이 나면 건축물대장에 용도와 면적이 기재된다. 거기에 맞춰 면허세와 국민주택 채권을 납부한 다음, 영수증을 첨부해서 허가권자에게 주면 사용 승인서를 수령할 수 있다.

사용 승인을 받았다고 모든 일이 완료된 것은 아니다. 마지막으로 최종 마감 설계도서를 받아야 한다. 전기, 구조, 통신, 설비 도면을 파일과 도서로 받아놓는다. 추후 증축이나 용도 변경을 할 때 이런 기본 자료가 없으면 추가 비용을 들여 다시 만들어야 한다. 사용 승인이 나면 구청에서 건축물대장을 발급받아 구청 세무과에 취득세를 납부하고, 등기소에 가서 등기를 한다.

부록

건축 도면 기호 및 약어

▓ 주로 쓰이는 기호 및 명칭

기호	명칭
φ	직경
U, UP	오름
DN	내림
#	굵기
LI	길이
H	높이
T 또는 THK	두께
R	반경, 지붕
@	간격
W	벽, 폭, 개구, 무게
D	속길이
H.L	수평선
V.L	수직선
G.L	지반선
W.L	벽면선
C.L	천장면선
E	중심선
F.L	바닥면선
E	중심선
F 또는 FL	층

기호	명칭
P	일반 파이프, 플라스틱, 펜트하우스
G	유리
P	플라스틱
S	강
Ss	스테인리스강
ALC	경량 기포 콘크리트
PG	연마유리
S	슬래브(바닥판)
C	기둥
G	거더(큰보)
WG	월 거더(벽보)
B	빔(작은보)
R.C	철근 콘크리트
F	기초
T	트러스
A	알루미늄
N	못
G.P	가스관
B	볼트

▦ 문 및 창호 기호

평면	입면	명칭	평면	입면	명칭
		출입구 일반			미서기문
		회전문			미닫이문
		쌍여닫이문			셔터
		접이문			빈지문
		여닫이문			방화벽과 쌍여닫이문
		주름문			빈지문

▒ 문 및 창호 기호

평면	입면	명칭	평면	입면	명칭
		자재문			쌍여닫이창
		망사문			망사창
		일반 창			여닫이창
		회전창 (돌출창)			셔터창
		오르내리창			미서기창
		격자창		내림 오름	계단 표시

▩ 조명 표시 기호

기호	명칭	설명
	직부등	천장에 부착된 조명
	매입등	천장면에 매입 설치된 조명
	강조조명	부분을 강조하는 조명
	벽등	벽면에 부착된 조명
	샹들리에	실링팬 기호와 동일
	달대등	천장에서 달아내리는 국부 조명
	2줄 형광등(FL)	보통 20w, 40w가 쓰임
	1줄 형광등	
	비상구 표시등	
	네온	
	SLT(Spot Lighting Track)	스폿을 여러 개 설치할 때 트랙 사용
	파라보릭 형광등	루버가 달린 형광등
	환기구	
	점검구	조명, 설비 점검을 위해 설치하는 문
	스프링쿨러	화재에 대비한 소방설비
	열 감지기	재에 대비한 열 감지 설비

▦ 설비기구 표시 기호

구분	기호	명칭
덕트, 급수, 배수		플렉시블 덕트
		네온 덕트 단면
		벽붙이
		천장붙이
		급기구
		양수기
		자동 개폐 밸브
		세정 밸브
		샤워기
		살수전
		그리스 트랩
		루프 드레인
		간접 배수받이
		우수 맨홀
		공공 맨홀
		옥내 소화전
		옥외 소화전(스탠드형)

▥ 설비기구 표시 기호

구분	기호	명칭
덕트, 급수, 배수	○	옥외 소화전(매설형)
	□	송수구
		보조 전원
		쌍구 방수구
		단구 방수구
소화 설비		스프링쿨러(폐쇄형)
		스프링쿨러(개방형)
		물분무 헤드
		포말 헤드
	●	화재 감지용 헤드
		분사 헤드
	Ⓜ	경보장치 모터 사이렌
관 이음		일반
		플랜지형
		소켓형
		유니온형

■ 설비기구 표시 기호

구분	기호	명칭
밸브		밸브(일반)
		앵글 밸브
		체크 밸브
		스프링 세이프터 밸브
		레드 웨이트 세이프터 밸브
		매뉴얼 밸브
		일반 조작 밸브
		전동식 조작 밸브
		전자식 조작 밸브
	A────B	릴라이프 밸브(일반)
		공기 배기 밸브
콕		일방
		삼방
		밸브콕 닫힌 상태
	P	압력계
	T	온도계

*흐르는 방향 화살표로 표시

자료 및 사진 출처

https://blog.naver.com/032coco/220980438209 (157)
https://en.wikipedia.org/wiki/Mineral_wool (215)
https://en.wikipedia.org/wiki/Glass_wool (215)
https://blog.naver.com/woodnara2200/221770091645 (215)
https://blog.naver.com/hero6750/221654867481 (216)

꼬마빌딩 건축 실전 교과서
건축회사에 기죽지 않는 건물주를 위한 계약·설계·기초·골조·설비·마감 일정별 실전 건축 가이드

1판 1쇄 펴낸 날 2021년 3월 5일
1판 5쇄 펴낸 날 2023년 5월 25일

지은이 김주창

펴낸이 박윤태
펴낸곳 보누스
등 록 2001년 8월 17일 제313-2002-179호
주 소 서울시 마포구 동교로12안길 31 보누스 4층
전 화 02-333-3114
팩 스 02-3143-3254
이메일 bonus@bonusbook.co.kr

ISBN   978-89-6494-480-6 03320

보누스

지적생활자를 위한 교과서 시리즈
"지식은 현장에 있다!"

기상 예측 교과서
후루카와 다케히코 외 지음
272면

다리 구조 교과서
시오이 유키타케 지음 | 240면

로드바이크 진화론
나카자와 다카시 지음 | 232면

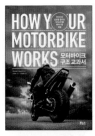

모터바이크 구조 교과서
이치카와 가쓰히코 지음 | 216면

비행기 구조 교과서
나카무라 간지 지음 | 232면

비행기 엔진 교과서
나카무라 간지 지음 | 232면

비행기 역학 교과서
고바야시 아키오 지음 | 256면

비행기 조종 교과서
나카무라 간지 지음 | 232면

비행기 조종 기술 교과서
나카무라 간지 지음 | 224면

**비행기, 하마터면
그냥 탈 뻔했어**
아라완 위파 지음 | 256면

악기 구조 교과서
야나기다 마스조 외 지음 | 228면

권총의 과학
가노 요시노리 지음 | 240면

총의 과학
가노 요시노리 지음 | 236면

자동차 구조 교과서
아오야마 모토오 지음 | 224면

자동차 버튼 기능 교과서
마이클 지음 | 128면

자동차 에코기술 교과서
다카네 히데유키 지음 | 200면

자동차 운전 교과서
가와사키 준코 지음 | 208면

자동차 정비 교과서
와키모리 히로시 지음 | 216면

자동차 첨단기술 교과서
다카네 히데유키 지음 | 208면

전기차 첨단기술 교과서
톰 덴튼 지음 | 384면

고제희의 정통 풍수 교과서
고제희 지음 | 416면

세계 명작 엔진 교과서
스즈키 다카시 지음 | 304면

헬리콥터 조종 교과서
스즈키 히데오 지음 | 204면

조명 인테리어 셀프 교과서
김은희 지음 | 232면

홈 레코딩 마스터 교과서
김현부 지음 | 450면

세탁하기 좋은 날
세탁하기좋은날TV 지음 | 160면

야구 교과서
잭 햄플 지음 | 336면

심혈관 전쟁
김홍배 지음 | 288면

보누스

인체 의학 도감 시리즈

인체 의학 도감 시리즈
MENS SANA IN CORPORE SANO

인체 해부학 대백과

켄 에슈웰 지음 | 232면

인체 구조 교과서

다케우치 슈지 지음 | 208면

뇌·신경 구조 교과서

노가미 하루오 지음 | 200면

뼈·관절 구조 교과서

마쓰무라 다카히로 지음 | 204면

혈관·내장 구조 교과서

노가미 하루오 외 지음 | 220면

인체 면역학 교과서

스즈키 류지 지음 | 240면

인체 생리학 교과서

이시카와 다카시, 김홍배 감수
248면

인체 영양학 교과서

가와시마 유키코, 김재일 감수
256면

질병 구조 교과서

나라 노부오 감수 | 208면

요가 아나토미 교과서

애비게일 엘즈워스 지음 | 192면

보누스

자급자족 시리즈

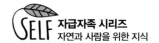

자급자족 시리즈
자연과 사람을 위한 지식

낚시 매듭 교과서

다자와 아키라 지음 | 128면

농촌생활 교과서

성미당출판 지음 | 272면

매듭 교과서

니혼분게이샤 지음 | 224면

목공 짜맞춤 설계 교과서

테리 놀 지음 | 224면

부시크래프트 캠핑 교과서

가와구치 타쿠 지음 | 264면

무비료 텃밭농사 교과서

오카모토 요리타카 지음 | 264면

**텃밭 농사 흙 만들기
비료 사용법 교과서**

이에노히카리협회 지음 | 160면

산속생활 교과서

오우치 마사노부 지음 | 224면

**전원생활자를 위한
자급자족 도구 교과서**

크리스 피터슨 외 지음 | 236면

집수리 셀프 교과서

맷 웨버 지음 | 240면

태양광 메이커 교과서

정해원 지음 | 192면

태양광 발전기 교과서

나카무라 마사히로 지음 | 184면